진짜 돈 되는
토지 투자
노하우

부동산
왕 중의 왕,
토지 공부가
먼저다!

진짜 돈 되는
토지 투자
노하우

김용남 지음

이레미디어

부동산에 처음 관심을 갖다

◆

2001년이 되자, 나는 24세의 나이로 군대를 제대했다. 그리고 망설임 없이 대학에 자퇴서를 제출했다. 그러고 나니 대학생도 아닌 백수였다. 무엇을 하고 살아야 할지 너무나 막막한 하루하루였다. 당시 〈교차로〉를 확인하며 아르바이트를 할 곳을 찾았는데, 그때 눈에 띈 것이 한 모델하우스의 명함 돌리는 아르바이트였다. 전화를 걸었더니 대뜸 "밤 12시에 출근할 수 있어요?" 하고 물었다. 오밤중에 무엇을 하나 싶었더니 모델하우스에서 명함만 돌리면 된다고 했다.

당시에는 아파트 전매 제한이 없었기 때문에 하룻밤 사이에 프리미엄이 500만 원, 1천만 원씩 올라갈 때였던 것이다. 물론 그때는 명함을 돌린다는 게 무슨 의미인지 알지 못했다. 아파트 당첨

공고가 새벽 0시에 뜬다는 것도 처음 알게 된 사실이었다.

첫날 출근하자, 여러 사람들이 드나들고 있었다. 당첨된 분양권을 팔러 온 사람들과 분양권을 사러 온 사람들이었다. 그 사람들에게 명함을 돌리면 사람들은 명함을 보고 중개업자를 찾아왔다. 무슨 거래를 하고 있는 듯했다. 나중에야 알게 된 사실이지만, 중개업자들은 아주 싼 가격에 분양권을 미리 사놓고 아침이 되기 전에 팔고는 자리를 떴다. 소위 말하는 '떴다방'이었다. 그때만 해도 그들이 얼마나 버는지 궁금하지도 않았고 관심도 없었다.

그런데 한 달 내내 잠도 못 자고 명함을 돌린 대가로 나는 70만 원을 받는데, 이 사람들은 현찰로 1억 원을 가져와 하룻밤 만에 5천만 원 이상을 벌어 갔다. 정말 눈이 뒤집어지는 세상이었다.

'지금 이게 뭐지? 어떻게 이런 일이 가능한 거지?'

뒤통수를 한 대 얻어맞은 기분이었다. 심장이 막 뛰었다. 나도 한번 해봐야겠다는 생각이 들었다.

"사장님, 이런 걸 하려면 어떻게 해야 하나요?"

"먼저 공인중개사 자격증이 있어야 해."

"그래요? 어려운 거 아닌가요?"

"어렵지. 그러니까 아무나 못하지."

그 길로 나는 공인중개사에 대해 검색하기 시작했고, 정보를 하나씩 채워가면서 반드시 공인중개사 자격증을 따겠다고 다짐했다.

그렇게 나는 2002년, 제13회 공인중개사 시험에 합격했다.

전 재산 1천만 원으로 땅을 사서
6개월 만에 2천만 원을 만들다

◆

　서른이 채 되지 않은 나이에 토지 투자에 눈을 뜨게 하는 일이 일어났다. 나는 길이 없는 땅에 길을 만들고 대출을 받아서 적은 돈으로 땅을 사는 방법을 알고 있었다. 또한 토지를 매입한 뒤 토목공사를 거치고 부지로 만들면 빨리 매도할 수 있다는 것도 알고 있었다.

　어느 날, 토지가 매도로 나왔다. 당시에 부동산을 운영하고 있었기 때문에 손님으로부터 직접 물건을 접수할 수 있었다. 토지 매도 의뢰를 받고 물건을 검토하던 중, 소름이 돋았다. 그 토지는 길이 없는 맹지 상태였다. 하지만 도로와 본 부지를 사이에 둔 구거가 존재하고 있었기 때문에, 땅을 매입해서 앞에 있는 구거 부지의 목적 외 허가를 취득한 뒤 길을 내서 인·허가를 받으면 맹지가 아니게 되었다. 그리고 대출을 이용해서 적은 현금으로 토지를 매입한 뒤, 평탄하게 부지로 조성해서 매도하면 쉽게 팔 수 있을 것이라는 생각이 들었다.

매매가는 1억 5천만 원. 20대 후반이었기에 내 수중에는 그만큼의 돈이 없었다. 그래도 매입할 생각을 가지게 된 것은 개발행위허가를 취득한 토지는 대출을 꽤 많이 받을 수 있다는 것을 알고 있었기 때문이다.

먼저 비용을 계산해봐야 했다. 토지 매입 비용으로 1억 5천만 원이 필요했다. 그리고 매도인의 제3자가 토지를 사용할 수 있게끔 토지사용승낙을 받아 매수자의 이름으로 개발행위허가를 취득해야 하는데, 지목이 임야였으므로 그에 따른 인·허가 국고세금인 대체 산림 자원 조성비 약 500만 원을 납부해야 했다. 그에 따른 토목 설계비가 300만 원, 매매가에 따른 취·등록세는 약 5% 정도로 계산했을 때 750만 원이었다. 결국 총 비용은 1억 6,550만 원이었다.

나는 은행에 개발행위허가를 취득했을 때 대출 가능 금액에 대해 탁상 감정을 요구했다. 그랬더니 받을 수 있는 대출 비용은 1억 1천만 원이었다. 1년 안에 매도하려 생각했기 때문에 이자 비용은 약 500만 원 정도였다. 결론적으로 내가 부담해야 하는 비용은 대출을 제외한 5,550만 원에 이자 비용 500만 원 그리고 부지 조성 비용이었다.

그다음으로 부지 조성 비용을 알아봐야 했다. 인근 토목공사업자와 알고 지냈기에 공사 비용을 산정하는 것은 어렵지 않았다. 먼저 도로에서 부지로 건너가는 흄관 비용과, 나지막한 임야 상태였기 때문에 절토 비용이 들어가게 될 것으로 판단했다. 약 1천만 원 정도의 공사 비용이 필요했다.

결국 내가 필요한 현금은 총 7,050만 원이었다. 그때 머릿속에 떠오른 것이 공동 투자였다. 그 길로 나는 친분이 있는 한 투자자를 찾아갔다.

"다름 아니고 땅이 하나 나왔는데, 사업성이 너무 괜찮아서요. 아시다시피 제가 돈이 없어서, 혹시 같이 사실 생각이 없으신가 하고 찾아오게 되었습니다."

투자자는 어떤 토지인지, 어떤 식으로 개발할지 궁금해했다.

"이 토지는 2차선 도로변과 구거를 사이에 둔 맹지 상태입니다. 하지만 구거 부지는 농어촌공사로부터 목적 외 허가를 받아 길을 낼 수 있고요. 2차선을 이용하지만 시가 관리하는 시도이기에 도로 점용에 따른 가·감속 차선 공사가 필요 없을 것으로 보입니다. 또한 면적상 500평에서 조금 빠지기 때문에 용도 지역 계획 관리 지역, 즉 비도시 지역 개발 부담금 대상이 되지 않을 것으로 판단합니다. 다시 말해, 맹지 가격에 매도로 나왔기 때문에 개발행위허가를 취득하면서 토지를 매입한 뒤, 길을 내고 편평한 부지로 만들어서 빨리 매도할 수 있을 것으로 보이고요. 최소한 평당 60만 원에 매도 가능하다고 생각합니다. 비용을 계산해보니, 1년간 대출금을 제외하고 총 비용이 약 7천만 원 정도 예상됩니다. 제 생각에는 1년 안에 투자액의 2배 정도는 얻을 수 있을 것으로 보입니다만, 제가 가진 돈이 1천만 원밖에 없어서요. 사장님께서 나머지 금액을 투자하실 수 있을까요?"

계획이 구체적이었으므로 투자자는 흡족해했다. 그래서 공동 투자 계약서를 작성했고, 토지가 매도되면 지분만큼 수익을 나눠 가지기로 약속했다. 나는 토지를 매입했고, 계획대로 허가를 취득하고 공사한 뒤 매도로 내놓았다. 그러기까지 토지 매입부터 5개월이란 시간이 걸렸다.

일단 매도 금액을 조율할 생각으로 평당 70만 원에 내놓았는데, 일주일쯤 지났을까? 토지를 매입하겠다는 사람이 나타났다. 매도로 내놓은 물건의 내용은 근린생활시설(근생) 2종 음식점 허가를 취득하고 토목공사가 완료된 500평 정도의 부지였다. 결국 평당 65만 원에 매도하게 되었다. 토지를 매입하고 공사를 거친 뒤 2배 이상의 금액으로 매도할 수 있었고, 약속했던 대로 지분만큼 수익을 나눠 가졌다.

이렇게 아무것도 모르는 20대에 토지에 투자하여 6개월 만에 1천만 원이 2천만 원이 되는 경험을 했다.

앞으로 나는 이 책에서 토지가 어떤 것인지, 토지 개발과 토지 개발을 위한 토목공사가 무엇인지, 또한 토지와 관련된 세금에 대해 설명할 것이다. 그리고 토지를 개발하면 얼마만큼의 수익을 기대할 수 있는지, 여러 가지 실례를 보여줄 것이다. 마지막으로 토지 투자로 단기 차익을 얻기 위한 세부 절차를 알려주려 한다. 토지에 투자하여 빠른 시간에 많은 수익을 거두려고 하는 토지 투자자들은 토지 개발에 대하여 꼭 알아둘 필요가 있다.

구거(溝渠)
폭이 좁고 적은 물이 흐르는 작은 도랑(96쪽, 18번 설명 참고)

탁상 감정
현장에 직접 가보지 않은 채로, 해당 부동산의 주소, 면적과 같은 기본 정보를 가지고 담보 대출 가능 금액 혹은 부동산의 가치를 평가받는 것

토지 사업계획서

토지 매입 비용 500평×30만 원＝1억 5천만 원

개발행위허가에 따른 국고세금 약 500만 원

토목 설계 비용 300만 원

취·등록세 1억 5천만 원×약 5%＝750만 원

Total : 1억 6,550만 원

예상 대출 금액   1억 1천만 원

1년 이자 비용   약 500만 원

토목공사 비용

성·절토 공사(목적 외 흄관 공사 비용 포함)   약 1천만 원

토지를 매입해서 토목공사를 한 뒤 1년간 보유하는 총 현금 비용

약 7천만 원

2 내가 배운 토지
기초 개념 1부

3 내가 배운 토지 기초 개념 2부

6 내가 배운 토지 세금

7 김공인의 토지 투자 물건 분석하는 법

8 ‖ 토지 투자로 성공하는 법

진짜 돈 되는 토지 투자 노하우

1

토지 개발업자 김공인의 투자 인생 스토리

내 나이 42세, 나는 지금 토지개발 아카데미의 카페 매니저다

부동산을 시작한 지 어느덧 17년이 지났다. 지금은 돈 걱정을 하지 않고 살지만, 토지 개발을 공부하던 그 시절은 너무 힘들고 어려웠다.

나는 네이버에서 토지개발 아카데미라는 카페를 운영하고 있다. 20대 시절에 나는 어떻게 하면 돈을 벌 수 있을지, 왜 좋은 인맥이 없는지 고민했다. 그래서 서로가 서로에게 든든한 버팀목이 될 수 있는 모임을 만들겠다고 생각했다. 언젠가 모임이 커지면 지금 하는 고민들이 한순간에 해결될 수 있을 거라고 믿었다.

그렇게 해서 탄생한 카페가 토지개발 아카데미다. 대한민국 하늘 아래 토지에 뜻을 품은 많은 사람이 모여 있는 곳이 우리 카페이길 바라는 마음이었다. 우리는 지금도 토지 개발의 기술을 이용해서 공동 투자로 토지를 매입하고, 1년 되는 시점에 매도한다. 많은 사람이 토지에 투자하고 싶어 한다. 하지만 어떻게 토지 투자를 해야 하는지에 대해서는 쉽게 답을 내리지 못한다. 토지라는 매개체로 서로에게 정보를 주고 토지 투자의 답을 유추해낼 수 있는 모임이 되길 간절히 바란다.

토지개발 아카데미

2천만 원에 산 땅이
3개월 만에 3천만 원이 되다

그날도 여느 날과 마찬가지로 땅을 찾으러 다니다가, 한 부동산에 들어가 개발할 만한 땅이 나와 있는지 물었다. 사장님은 도로변에 나온 물건이 있다고 했고, 그 길로 매도로 나왔다는 토지를 보기 위해 현장으로 향했다. 면적은 400평 정도로, 평당 50만 원에 나왔으므로 총 2억 원이었다.

나는 토지를 둘러보기 시작했다. 2차선 도로변이지만 주위에 가·감속 공사 흔적이 없는 걸로 봐서 2차선은 시도일 것이라 판단했다. 또한 계획 관리 지역, 즉 비도시 지역 개발 부담금 대상이 되지 않는 규모이므로 건물을 지어도 세금이 나오지 않을 것이었다. 물론 나는 토목공사까지만 하겠지만, 나에게 물건을 사는 매수자들은 건물을 지을 테니 그들이 매수하기 좋은 조건의 토지를 골라야 매도하기 수월하기 때문에 개발 부담금 여부는 꼭 확인하곤 한다.

이 토지의 용도를 생각했을 때 시내와 멀지 않은 위치에 있었고 차량 통행 또한 많은 편이었기에, 여러 가지 용도를 떠올릴 수 있었다. 식당, 카센터, 야적장 등등, 근생 시설로 개발되면 좋겠다는 생각이 들었다. 그렇다면 식당을 기준으로 개발행위허가의 종류 중 근생 시설 2종 허가를 취득하면 될 것이라고 판단했다.

한편, 개발 기간을 산정하려면 심의 여부를 생각해야 했다. 경기도 화성시에서는 3,000㎡ 미만의 땅은 근생 시설로의 개발행위허가를 신청하면 도시 계획 심의 대상이 되지 않는다. 그러므로 허가 기간은 1개월 반 정도 산정하면 될 것으로 판단했다.

그다음으로 얼마만큼 공사를 해야 하는지 확인했다. 지목이 전(田)이었고 도로와는 평행해 보였지만, 뒷부분이 조금 꺼져 있었다. 도면상으로 뒤쪽 경계선의 구조물 공사가 필요해 보였고, 정지작업만 하면 될 터였다. 토목공사의 견적을 내보니, 약 2천만 원 정도의 비용이 들 것이었다.

내가 들여야 하는 비용을 계산해보았다. 먼저 땅값이 2억 원이고, 공시지가는 ㎡당 5만 원이므로 개발행위허가를 취득하는 데 필요한 국고세금은 약 2천만 원, 그에 따른 토목 설계비는 건당 200만 원이었다.

그런데 400평 규모라서 200평씩 2개의 부지로 만들어 매도하면 좋겠다는 생각이 들었다. 도로에 길게 붙어 있는 토지였기에 사도를 개설할 필요는 없었고, 도로에 접하게끔 토지의 모양을 잡으면 됐다. 그렇기에 처음부터 매도인의 토지사용승낙을 받아 애초에 2건으로 허가를 받아야 했다. 은행의 탁상 감정을 통해 대출을 받아 토지를 매입한 후, 허가권에 의한 경계 및 분할 측량을 실시해서 2개의 필지로 분할하고 토목공사를 실행해서 각각 분양하면 될 것이라고 생각했다.

어떻게 개발할지 정해졌기에 그에 따른 비용은 계산할 수 있었다. 토지 매입 비용 2억 원, 허가 2건에 대한 국고세금 2천만 원, 2건에 대한 토목 설계비 400만 원, 취·등록세 5%라고 하면 약 1천만 원이 들어갈 테니, 총 비용은 2억 3,400만 원이었다. 내가 이용할 수 있는 대출 금액은 1억 5천만 원이고, 1년 이자 비용으로 약 600만 원이 들었다. 따라서 토지를 취득하는 데 필요한 총 현금 비용은 9천만 원이었다.

이는 어디까지나 토지를 취득할 때까지의 비용이고, 경계 및 분할 측량 비용, 구조물 및 성·절토 비용으로 약 2천만 원이 들 것이므로, 내가 토지를 매입해서 가공하여 1년간 보유하는 데 필요한 총 비용은 1억 1천만 원이었다.

이제 사업계획을 세웠으니 함께할 공동 투자자를 찾는 일만 남았다. 나는 곧장 미리 생각해둔 투자자를 만나러 갔다.

"이 토지는 2차선 변에 위치한 토지로, 근생 시설 2종으로 개발하면 됩니다. 400평 규모이기에 2건으로 분할해서 200평씩 분양하면 되고, 개발 부담금과 도시 계획 심의의 대상이 아니므로 개발이 쉽고 빠르게 매도할 수 있을 것이라고 판단합니다. 가·감속 차선 공사가 필요 없는 땅이기에 매도하는 데도 장점이 될 것으로 보입니다.

이 토지를 매입해서 1년간 보유하고 공사 완료하는 데까지 총 1억 1천만 원이 드는데, 제가 2천만 원이 있으니 나머지는 사장님이 투자해주셨으면 좋겠습니다.”

그렇게 공동 투자 계약서를 작성했고 토지를 매입하게 되었다. 토지를 매입하자마자 계획대로 2건으로 분할했고 토목공사까지 완료했다. 이때까지 3개월이 걸렸다. 나는 곧바로 매도로 내놓았고, 내놓은 지 2주일 만에 평당 50만 원에 구입한 토지를 평당 80만 원에 팔았다. 2천만 원이 3천만 원이 되는 경험(50% 수익률)을 했던 것이다.

가·감속 차선

토지사용승낙서

토 지 사 용 승 낙 서	
소 재 지	
면 적	㎡

상기 토지를 개발행위허가를 위한 목적하에 사용을
승낙하여 주시기 바랍니다.

201   .   .   .

[사 용 인]
성   명 :

상기 목적에 대한 사용을 승낙합니다.

201   .   .   .

[승 낙 인]
주   소 :
성   명 :   (인)
등록번호 :

(첨부서류 : 인감증명원 1통)

사업계획서

토지 매입 비용 400평×50만 원=2억 원
농지보전분담금 400평×5만 원=2천만 원
토목 설계 비용 건당 200만 원×2=400만 원
취·등록세 약 1천만 원

Total : 2억 3,400만 원

예상 대출 금액   1억 5천만 원
1년 이자 비용   연 4% 금리 시 600만 원

토목공사 비용
성·절토 및 구조물, 측량 비용   2천만 원

토지를 매입하여 토목공사를 한 뒤 1년간 보유하는 총 현금 비용

1억 1천만 원

3천만 원이
5천만 원이 되다

오래전에는 연접이라는 규제로 인해 부동산 거래가 활발하지 않았다. 연접은 내 토지를 중심으로 반경 500m 안에는 일정 규모의 개발행위허가를 신청할 수 있지만, 일정 면적 이상이 되면 허가를 득할 수 없다는 것이다. 그러다 보니 거의 모든 토지가 연접 때문에 개발행위허가가 나지 않았다. 개발행위허가를 득할 수 없다는 것은 토지 매입 비용을 거의 전액 현금으로 해결해야 한다는 뜻이고, 이는 거래가 원활하게 이루어질 수 없는 분위기를 형성했다. 개발행위허가를 쉽게 득할 수 없는 상황이었기 때문에, 반대로 개발행위허가를 득할 수 있는 토지가 나타나면 모든 투자자들이 노릴 수밖에 없었다.

당시에는 제조장, 공장 부지의 가격이 하늘 높은 줄 모르고 치솟았다. 부지를 조성할 수 있는 토지가 많지 않다 보니, 상대적으로 부지의 가격이 절정에 달했던 것이다. 그러던 와중에 나는 연접에 걸리지 않고 공장 부지로 조성할 수 있는 토지를 발견했다. 토지를 보는 순간 많은 생각이 머리를 스쳐 지나갔다. 면적은 600평이었다. 계획 관리 지역이었고, 2차선 도로에서 5m 도로를 타고 100m 쯤 들어가면 나오는 직사각형 모양의 토지였다.

일단 어떻게 매도할 것인지 생각해보았다. 먼저 토지를 2등분하면 300평 부지가 2개가 되는데, 300평 규모면 100평짜리 공장 건물을 1동 지을 수 있다. 당시에는 100평 규모의 공장을 많이 이용하고 있었으므로, 나는 2개의 허가권을 받아 땅을 반으로 나누어 분양하기로 했다.

그렇다면 개발의 절차를 생각해보자. 토지를 매입할 시 계약금을 지불하고 매도인의 토지 사용 승낙서를 받아 매수자의 이름으로 개발행위허가를 득해야 하는데, 절반으로 나누어 2건의 허가를 득하면 될 것이다. 그 후 허가증을 첨부하여 은행으로부터 대출을 받아 잔금을 지불하면 된다. 그다음에 토목공사를 하면 되는데, 지목이 '전'이었기 때문에 경계 쪽 구조물 공사만 하면 되었다.

공장 2건으로 허가를 받아 분양하면 잘 팔릴 것이라는 판단이 들었고, 이 사업에 필요한 현금 비용을 산출해보았다. 먼저 토지의 가격은 평당 40만 원, 공시지가는 ㎡당 4만 원, 면적은 600평이므로 토지 매입 비용으로 총 2억 4천만 원이 든다. 그리고 농지의 개발행위허가를 득하는 데 필요한 국고세금은 2,400만 원, 토목 설계비는 건당 200만 원이었다. 직사각형의 토지를 두 필지로 구분하려면 사도를 개설해야 하므로 토목공사는 3건이다. 즉, 토목 설계비는 600만 원이 든다. 실거래가에 따른 취·등록세를 5%라 가정했을 때 약 1,200만 원이다. 이렇게 해서 총 비용은 2억 8,200만 원이었다. 내가 이용할 수 있는 대출 규모는 1억 6천만 원이었고 연 4%의 금리였으므로 1년 이자는 640만 원이 들어갈 것이었다. 즉, 토지를 매입하고 1년간 보유하는 데 필요한 현금 비용은 약 1억 3천만 원이다.

토지를 가공하려면, 구조물 공사 견적을 받고 경계 측량 및 분할 측량 비용을 포함하여 총 3천만 원이 들었다. 그렇다면 토지를 매입하고 2개의 공장 부지로 조성하는 데 드는 현금은 총 1억 6천만 원이라는 계산이었다.

그 당시 나는 현금이 많지 않았기 때문에 가까운 지인과 공동 투자를 하게 되었고, 6개월이 지나 그 토지를 평당 80만 원에 분양할 수 있었다. 나는 현금 3천만 원을 투자하고 세금을 제한 뒤 5천만 원을 손에 쥘 수 있었다. 즉, 투자액 대비 60% 수익률을 달성한 것이다.

사업계획서

토지 매입 비용 600평×40만 원＝2억 4천만 원

개발행위허가에 따른 국고세금 600평×4만 원＝2,400만 원

2개 부지 토지 설계 비용 200만 원×도로 부지 포함 3건＝600만 원

취·등록세 2억 4천만 원×약 5%＝1,200만 원

Total : 2억 8,200만 원

예상 대출 금액	1억 6천만 원
1년 이자 비용	연 4% 금리 시 640만 원
토지를 매입하여 1년간 보유하는 총 현금 비용	

약 1억 3천만 원

토목공사 비용	
측량 비용, 부지 조성 비용	3천만 원

토지를 매입하여 공장 부지 2건으로 조성하는 총 현금 비용

1억 6천만 원

소액으로 토지에 투자하려면 공동 투자가 답이다

나는 토지개발업자로 소액을 투자한다. 1년에 보통 20개 정도의 토지를 매입하고, 1년 되는 시점에 매도한다. 많은 사람이 토지를 개발하는 것이 아주 어렵다고 생각해서 쉽게 도전하지 못하지만, 이 세상에 쉬운 일은 아무것도 없다. 현실적으로 소액으로 토지 투자가 가능한 것은 공동 투자 시스템 덕분이다. 여러 사람이 함께 투자하므로 정확한 안전장치를 두고 함께 투자한다면 이만큼 훌륭한 투자 방식이 없다.

나는 오래전부터 이 방식을 선호했기 때문에, 공동 투자 방식에도 단점이 있음을 알고 있다. 여러 사람과 함께 투자를 하다 보니 사람마다 생각이 다르기 때문에 마찰이 생길 수 있다는 것이다. 그 마찰로 인해 함께 투자했던 일이 해결하기 힘든 송사로 번질 수도 있다. 따라서 공동 투자를 하기 전, 신중에 신중을 더해 정확한 안전장치를 갖추고 투자를 해야 한다. 아무리 신뢰할 수 있는 사이라고 해도 공동 투자자 간에 명확하게 공동 투자 계약서를 작성하고 사업을 진행해야 하는 것이다.

그러나 공동 투자에 큰 장점이 있다는 사실은 누구도 쉽게 부인할 수 없다. 어차피 투자란 투자금 대비 수익률을 높이는 것이 목적이므로, 내가 가진 돈이 많다면 많이, 적다면 적게 투자할 수 있다. 적은 돈으로 토지에 투자하여 수익을 올리기 위해서는 나와 뜻을 같이하는 사람들이 있어야 한다. 또한 돈을 버는 것도 내 능력보다는 함께하는 이들의 노력과 공동의 의지에 달려 있다. 이런 조건이 갖춰지면 적은 돈으로도 수익을 얻게 된다. 더 나아가 혼자만의 힘으로 투자할 수 있다면, 그때는 비로소 개인 투자자로 우뚝 서게 된다.

토지를 개발하는 것이
토지 투자의 핵심이다

　나는 어린 시절부터 부동산에서 일해왔다. 더 구체적으로는 토지 시장이었다. 처음에는 어떻게 해야 토지로 돈을 벌 수 있을지 막막하기만 했다. 하지만 오랫동안 토지 시장에 머물면서 토지란 무엇인지, 토지로 돈을 벌려면 어떻게 해야 하는지 많은 것을 배울 수 있었다.

　토지를 매입한 후 아무것도 하지 않으면 빨리 팔 수 없으며, 부지를 조성하면 상대적으로 빠른 시간 안에 매도할 수 있다는 것을 터득했다. 그러자 자연스럽게 토지를 개발하는 방법이 궁금해졌다. 그래서 하나씩 도전하고 경험하면서 나만의 투자 개념을 정리해나가기 시작했다. 개발행위허가와 부지를 조성하기 위한 토목공사가 무엇인지부터 시작해서, 어떻게 하면 더욱 쉽게 개발행위허가를 얻을 수 있을지 연구했다. 실제로 허가를 받으면서 토지를 보는 순간 허가 여부를 판단할 수 있게 되었고, 어떻게 하면 허가 기간을 앞당길 수 있을지 절차가 보였다. 그리고 토지를 포장하는 기술을 알게 되면서 어디까지 공사가 이루어져야 하는지 감각적으로 느끼게 되었다. 어떻게 하면 공사 비용을 줄일 수 있는지도 파악했다. 수많은 공사를 하면서 여러 가지 민원이 발생했는데, 민원이 들어왔을 때는 당황하기도 했지만, 수차례 경험을 통해서 이제는 토지를 매입하기 전에 미리 공사하는 모습을 상상하고 민원까지도 예측할 수 있게 되었다.

지금까지 많은 토지를 매입하고 빠른 시간 안에 매도했다. 이런 일이 가능했던 이유는 토지를 개발했기 때문이다. 만약 토지를 매입한 다음 아무것도 하지 않았다면 빠른 시간 안에 수익을 올리는 일은 불가능했을 것이다. 17년간 나는 토지가 무엇인지, 어떻게 해야 토지를 매입해서 빠른 시간 안에, 높은 금액으로 매도할 수 있는지를 배우게 된 것이다. 적은 돈으로 토지를 매입하기 위해서는 개발행위허가를 이용하고 토지를 매입하는 절차를 알아야 한다. 토지를 가공하는 기술을 습득할 때는 얼마나 효율적으로 가공할 수 있을지에 집중해야 한다. 이것이 곧 수익으로 이어지기 때문이다.

이제 토지란 어떤 상품인지 알아보고, 토지에 투자하여 수익을 올릴 수 있는 핵심 기술인 토지 개발의 기초부터 하나씩 차근차근 익혀보자.

진짜 돈 되는 토지 투자 노하우

2

내가 배운
토지
기초 개념
1부

내 땅이면 내 맘대로
할 수 있지 않나요?

아무것도 모르던 20대 병아리 시절에는 내 땅이면 내 맘대로 할 수 있으리라고 막연하게 생각했다. "땅을 가지고 있으면 내 맘대로 건물을 지어도 되는 게 아닌가?"라고 말이다. 그러나 토지를 다루면서 알게 되었지만, 내 땅이라고 해도 내 맘대로 건물을 지을 수는 없다.

어느 날, 손님 한 명이 사무실에 찾아왔다. 농지를 보유하고 있는데, 창고가 필요해서 하나 지었더니 이상한 공문이 날아와서 한번 봐달라는 것이었다. 아직 부동산에서 일한 지 일주일도 안 됐을 때라 아무것도 몰랐지만, 애써 태연한 척하며 일단 공문서를 보여달라고 했다. 공문에는 불법을 저질렀으니 원상 복구하라고 되어 있었다.

나는 공문을 보낸 시청에 전화해서 자세한 내용을 알아보라고 말했다. 솔직히 말하면 공문의 내용을 전혀 이해하지 못했다. 내 땅에 내 마음대로 건물을 지을 수 없다는 것을 몰랐기 때문이다. 손님은 그 자리에서 시청에 전화를 걸었고, 개발행위허가를 받지 않고 건물을 지었기 때문에 불법이라는 설명을 들었다.

그 일로 인해 내 소유의 땅에 건물을 지어도 개발행위허가를 받도록 법으로 정해져 있다는 사실을 알게 되었다.

개발행위허가 신청

공작물 설치, 형질 변경, 토석 채취와 같은 개발행위를 하고자 할 때, 도시계획법 제47조 제1항의 규정에 의거, 개발행위허가를 받아야 한다. 개발행위허가를 신청하려면 개발행위허가신청서를 양식에 맞게 작성하여 해당 지역의 행정장(특별시장, 광역시장, 시장, 군수)에게 제출한다.

기획부동산이란?

갑자기 투자하기 좋은 땅이 있다며 전화가 왔다. 강원도 소재의 토지로 주변이 한창 개발되는 중이라 그냥 사두기만 해도 1~2년 후 2배는 뛸 거라는 설명이었다. 나는 용도 지역이 어떻게 되는지 물었다. 그러자 상대방은 머뭇거리며 임야라고 답했다. 용도 지역이 무엇인지 다시금 묻자, 또다시 산이라고 말했다. 내가 물어보는 것이 정확히 무엇인지 모르는 듯했다.

그래서 땅 주위로 길이 나 있느냐고 물었더니, 2차선 도로변에 위치하고 있는 땅이라고 말했다. 지번을 물어 검색해보니 무려 6,000평짜리 땅이었다. 상대방은 100평씩 분할해서 2천만 원에 팔고 있다고 했다. 이미 100평씩 분할되어 있는지 묻자, 지분으로 매입하는 형태라고 대답했다. 지분으로 매입하면 지분 등기가 이루어지므로 매도하는 데는 아무 지장이 없다고 말이다.

모든 기획부동산이 그렇지는 않지만, 보통은 이런 식으로 고객에게 투자를 권한다. 기획부동산은 개발 지역에 큰 규모의 땅을 매입해서 일반 수요자들이 투자할 수 있게끔 작게 쪼개어 매도하는 곳이다. 기획부동산의 취지는 나쁘지 않다. 그러나 정확한 설명은 하지 않고, 오로지 파는 데만 집중하는 부동산 직원은 문제가 있다. 충분히 정보를 학습하지 않은 상태로 통화하니, 고객이 궁금한 점을 물으면 대충 얼버무리고 넘어간다. 부동산 직원이 용도 지역이 무엇인지도 몰라서는 안 된다. 토지의 가장 기본적인 사항이라고 해도 과언이 아니기 때문이다. 물론 지분 등기나 지분 거래는 가능하지만, 실수요자가 건축을 목적으로 매입할 경우 반드시 필지로 등기해야 한다는 사실을 정확하게 안내해주어야 한다.

참고로 공동 등기와 지분 등기는 다르다는 것도 알아두자. 10명의 투자자가 1,000평의 땅을 같은 금액을 투자하여 사는 경우를 예로 들면, 공동 등기는 10명의 투자자가 공동명의로 재산권을 행사하는 경우를 말한다. 따라서 투자자 중 한 명이 매도를 원한다면, 모든 공유자가 이에 동의해야 가능하다. 즉, 매매 절차가 복잡하므로 토지 투자에서는 꺼리는 방식이다. 반면, 지분 등기는 투자자 개개인이 소유한 100평에 대해서는 나머지 9명의 동의가 없어도 매도가 가능하다.

다시 말해 기획부동산이 내세우는 취지는 나쁘지 않지만, 판매 과정에서 정확한 정보 없이 매수자들을 현혹해 매매를 부추긴다는 것이 문제다. 게다가 맹지를 대규모 개발 계획이 있다고 속여서 파는 사례도 있으니 반드시 서류와 현장을 직접 확인해야 한다. 토지 투자를 할 때 정확한 정보를 습득하고 토지를 매수해야 하는 이유가 바로 여기에서도 드러난다.

지분 등기

공유 지분 등기의 줄임말로, 하나의 토지에 원하는 평수만큼 지분을 갖는 등기. 하나의 토지를 여러 사람이 지분으로 나눠 소유하기 때문에 가진 지분만큼 재산권을 행사한다. 자신이 지닌 지분에 대해서는 나머지 사람들의 동의 없이 자유롭게 매매가 가능하다. 그러나 개인의 건축 행위는 불가능하며, 대개는 투자한 토지를 건축 회사에서 매입할 경우 받는 보상 차원의 토지 개념이다.

토지는 시세가
없나요?

부동산 사무실에서 만나는 많은 손님들이 대부분 비슷한 질문을 건넨다.

"이 동네 땅은 시세가 얼마나 되나요?"

이런 질문을 받을 때마다 정말 당황스럽다. 토지는 물건마다 제각각 개성이 달라서 나란히 붙어 있는 땅이라도 가치가 다르기 때문이다. 그런데 무작정 시세를 물어보면 무엇부터 설명해야 할지 머리가 복잡해진다.

토지는 무작정 시세를 얘기할 수 없다. 땅마다 가지고 있는 특성이 다르기 때문에 저마다 가치가 다르다. 절대 농지와 같은 논은 시세를 얘기할 수 있지만, 투자를 한답시고 동네의 시세를 물어보면 정확하게 답을 할 수 없다. 그래서 어느 용도 지역에 건물을 지을 수 있는 땅의 가격이 얼마인지 물어보면 시세를 말할 수 있다고 이야기하곤 한다.

그동안 많은 땅을 사고 매도하는 과정에서 여러 얘기를 들었지만, 가장 많이 들었던 말이 "이 동네 시세가 얼마인데, 그 땅 너무 비싸게 파시는 거 아니에요?"라는 것이다. 그러면 다음과 같이 설명한다.

"이 땅은 2차선 도로변이지만 가·감속 차선 공사가 필요 없습니다. 지목 또한 장으로 이미 개발행위 준공을 득한 토지입니다. 면적도 개발 부담금 대상이 아니기에 건물을 지어도 세금이 나오지 않습니다. 시골 지역에 도로변에 붙어 있는데다가 지목이 장이고 면적도 얼마 되지 않는 땅이 과연 어디에 있을까요? 어떤 땅과 비교했을 때 비싼 건지 알려주시겠어요?"

이렇게 말하면, 얘기를 듣고 보니 비싼 편이 아니라고 인정한다.

이렇듯 토지는 시세라는 것이 없다. 땅마다 제각각 용도 지역이 다르고 땅의 생김새라든지 현장 상황이 모두 다르므로, 아파트처럼 시세를 매길 수 없다. 토지 투자를 하는 사람들은 대부분 땅이 언제 팔릴지 궁금해한다. 물론 땅의 매도 시점을 쉽게 예상하긴 힘들지만, 한 가지는 명확하다. 그것은 '내가 산 땅이 어느 정도의 가치를 가지고 있는지' 파악해야 한다는 것이다.

내가 토지를 매수할 시점에 그 토지의 가치를 정확히 파악하고 땅을 매입한다면, 그 토지가 매도될지 말지를 걱정할 필요는 없다. 토지는 분명히 매도될 것이니, 그 시점을 예상하기만 하면 된다. 사람들이 시세보다 비싸다며 안 팔릴 거라고 말하는 경우도 많지만, 나는 땅의 가치를 부각시켜서 설명하고 항상 남들이 팔리지 않을 거라고 한 금액에 매도했다. 그 과정에서 토지에는 시세가 존재하지 않으며, 좋고 나쁨이 있을 뿐이라는 사실을 깨달았다. 시세가 존재하지 않기에 토지의 가치를 발견하고 매입했다면, 얼마에 팔 것인지는 주위 사람이 아닌 내가 정하는 것이다.

좋은 토지, 나쁜 토지는 분명 존재한다. 하지만 어느 토지에도 정해진 시세는 없다. 매입할 시점에 토지의 가치를 발견하고 매입했다면, 얼마에 매도할 것인지는 나 스스로 정하면 된다는 사실을 기억하자.

공시지가는 시세와
무슨 상관인가요?

내가 부동산 일을 한 지 올해로 17년째다. 그동안 많은 토지 투자자들이 자주 던진 질문이 "농지가 있는데, 이 토지를 얼마에 매도하면 좋을까요?"라는 것이다.

"토지를 살펴본 결과, 지적상 도로가 없고 배수로 또한 주변에 없으므로 개발행위허가를 득할 수 없는 토지로 보입니다. 보통 토지는 건물을 짓기 위해 매입하기 때문에, 그 땅은 거래가 힘들 것 같습니다."

"그래도 토지의 공시지가가 평당 20만 원 정도인데 그 정도에 팔수 있지 않을까요?"

"건물도 짓지 못하는 토지를 사실 의향이 있으신가요? 공시지가는 시세와 전혀 무관합니다. 다만 나라에서 세금을 걷기 위해 정해놓은 것이라고 생각하시면 됩니다."

많은 경우에, 공시지가의 3배 정도가 시세라고 생각한다. 하지만 결론부터 얘기하면, 공시지가와 시세는 아무런 상관이 없다. 공시지가는 세금을 걷기 위한 기준일 뿐이니, 그 가격보다 비싸게 매도될 것이라는 생각은 잘못된 것이다.

앞의 경우와 같이 공시지가는 평당 20만 원이라도 지적상 길이 없고 배수로 또한 없다면 그 토지 위에는 어떠한 건물도 지을 수 없다. 건물을 지을 수 없는 땅은 아무도 사려 하지 않는다. 이런 토지는 팔 수 없는 토지이므로 가격을 정할 수 없다.

다시 말해, 토지의 공시지가는 토지의 시세와는 전혀 상관없으며, 건물을 지을 수 없는 토지는 현실적으로 매도하기 힘들다. 그렇다면 건물을 지을 수 없는 토지는 영원히 매도할 수 없을까? 그렇지는 않다. 건물을 지을 수 있는 땅이 된다면 매도할 수 있기 때문이다.

그런데 개인의 힘으로는 건물을 지을 수 있게 만들기가 쉽지 않다는 문제가 있다. 즉, 국가에서 이 지역을 전부 개발하기로 개발계획이 잡히면 그 기대심리로 인해 개발이 되지 않은 상태에서도 매도가 가능해진다. 다만 언제 개발될지 예상할 수 없기 때문에 한동안은 매도할 수 없을 것이다.

그렇다면 토지를 매수할 때 어느 토지를 매수할 것인지 한 가지 기준이 분명해진다. 매입하려는 토지가 건물을 지을 수 있는지 알아보고, 건물을 지을 수 있다면 매입하고 건물을 지을 수 없다면 매입하지 않는 것이다. 이것이 토지 투자에 있어서 가장 기본적인 원칙이 된다.

토지는 건물을 짓기 위한 상품이라는 것을 잊지 말자.

공시지가

지가공시및토지등의평가에관한법률에 근거해 토지의 이용 상황이나 주변 상황, 자연적·사회적 조건이 일반적으로 유사하다고 인정되는 일단의 토지 중에서 표준지를 선정하고 적정한 가격을 조사·평가하여 공시하는 토지의 가격. 국가나 지방자치단체 등의 기관이 지가를 산정하거나 감정평가업자가 토지를 감정·평가하는 기준이 된다. 표준지공시지가와 개별공시지가는 국토교통부 홈페이지의 실거래가 공개시스템을 통해 확인할 수 있다.

소유한 농지를 임대하면
불법인가요?

　토지를 주로 중개하다 보니 새롭게 알게 된 사실이 하나 있다. 원래 농지는 아무나 살 수 있을 것이라고 생각했다. 땅을 사고 싶으면 부동산에 가서 사면 그만이라고 생각했던 것이다. 그런데 토지 업무를 보면서 농지를 사려고 할 때는 농지를 살 수 있는 자격이 있어야 한다는 사실을 알게 되었다. 그것이 바로 농취증, 즉 농지취득자격증명원이라는 것이다.

　농지를 취득하려면, 지금 농사를 짓고 있는 농업인이나 앞으로 농사를 지을 계획이 있는 사람들만 농지를 살 수 있다. 농취증은 해당 읍·면사무소에서 발급받을 수 있고, 기존 농업인이 아니더라도 농사를 지을 것이라고 신고하기만 해도 쉽게 발급받을 수 있기는 하다. 그래서 농지를 매입할 때 문제가 되지 않기 때문에, 농지는 농사를 지을 계획이 있는 사람만 사야 한다는 사실을 알지 못했던 것이다.

그런 까닭에 농사를 지을 계획이 없는 사람이 쉽게 서류를 발급받고 농지를 매입한 후 농사지을 사람에게 임대를 주곤 하는데, 이는 불법이다. 농지는 농사를 짓거나 특별한 경우를 제외하고는 보유할 수 없기 때문이다. 즉, 투자를 위해 농지를 보유할 수는 없는 것이다. 하지만 많은 토지 투자자들이 이 사실을 모른다. 그래서 농지를 쉽게 취득하고는 농사를 지을 생각은 없기 때문에 주변에 농사를 지을 사람을 구해서 쉽게 임대해준다. 그러나 농지를 일반인에게 임대하는 것은 명백히 불법이다.

또한 농취증은 농사를 지을 것이라는 내용을 내포하고 있기 때문에 이를 발급받으려면 해당 토지가 농지 상태여야 한다. 이 말은 취득하려는 농지가 마당 포장이 되어 있거나 불법 건축물이 존재한다면 농지 상태가 아니므로 농취증 발급이 안 된다는 뜻이다. 농지를 사려 할 때 농취증이 발급되지 않는다는 것은 농지를 매입할 수 없다는 말이 되므로, 농지를 취득하려 할 때는 토지 전체가 농지 상태인지 꼭 체크해야 한다.

농취증 신청서

농 지 취 득 자 격 증 명 신 청 서

접수 번호		접수 일자		처리 기간	4일 (농업경영계획서를 작성 하지 않는 경우에는 2일)		
농지 취득자 (신청인)	①성명 (명칭)		②주민등록번호 (법인등록번호)		⑤취득자의 구분		
	③주소				농업 인	신규 영농	법인 등	주말 체험 영농
	④전화번호						

취득 농지의 표시	⑥소 재 지						⑩농지 구분		
	시·군	구·읍·면	리·동	⑦지번	⑧지목	⑨면적 (㎡)	진흥 구역	보호 구역	진흥 지역 밖

⑪취득 원인					
⑫취득 목적	농업 경영	주말· 체험영농	농지 전용	시험·연구· 실습용 등

「농지법」 제8조 제2항, 같은 법 시행령 제7조 제1항 및 같은 법 시행규칙 제7조 제1항 제2호에 따라 위와 같이 농지취득자격증명의 발급을 신청합니다.

년　　　월　　　일

농지 취득자(신청인)　　　　　　　　(서명 또는 인)

시장 · 구청장 · 읍장 · 면장 귀하

첨부 서류

1. 별지 제2호 서식의 농지취득인정서(법 제6조 제2항 제2호에 해당하는 경우만 해당합니다)
2. 별지 제4호 서식의 농업경영계획서(농지를 농업 경영 목적으로 취득하는 경우만 해당합니다)
3. 농지임대차계약서 또는 농지사용대차계약서(농업 경영을 하지 않는 자가 취득하려는 농지의 면적이 영 제7조 제2항 제5호 각 목의 어느 하나에 해당하지 않는 경우만 해당합니다)
4. 농지전용허가(다른 법률에 따라 농지전용허가가 의제되는 인가 또는 승인 등을 포함합니다)를 받거나 농지전용신고를 한 사실을 입증하는 서류(농지를 전용 목적으로 취득하는 경우만 해당합니다)

담당 공무원 확인 사항　법인 등기사항증명서(신청인이 법인인 경우만 해당합니다)

수수료: 「농지법 시행령」 제74조에 따름

농취증

<table>
<tr><td colspan="7">제2019-0001234호

농 지 취 득 자 격 증 명</td></tr>
<tr>
<td rowspan="3">농지
취득자
(신청인)</td>
<td>성명(명칭)</td>
<td></td>
<td>주민등록번호
(법인등록번호)</td>
<td colspan="3"></td>
</tr>
<tr>
<td>주소</td>
<td colspan="5"></td>
</tr>
<tr>
<td>연락처</td>
<td></td>
<td>전화번호</td>
<td colspan="3"></td>
</tr>
<tr>
<td>구분</td>
<td colspan="2">소 재 지</td>
<td>지번</td>
<td>지목</td>
<td>면적(㎡)</td>
</tr>
<tr>
<td rowspan="7">취득
농지의
표시</td>
<td colspan="2"></td><td></td><td></td><td></td>
</tr>
<tr><td colspan="2"></td><td></td><td></td><td></td></tr>
<tr><td colspan="2"></td><td></td><td></td><td></td></tr>
<tr><td colspan="2"></td><td></td><td></td><td></td></tr>
<tr><td colspan="2"></td><td></td><td></td><td></td></tr>
<tr><td colspan="2"></td><td></td><td></td><td></td></tr>
<tr><td colspan="2"></td><td></td><td></td><td></td></tr>
<tr>
<td>취득 목적</td>
<td colspan="5"></td>
</tr>
</table>

귀하의 농지취득자격증명신청에 대하여 「농지법」 제8조 및 같은 법 시행령 제7조 제2항에 따라 위와 같이 농지취득자격증명을 발급합니다.

년　월　일

시장·구청장·읍장·면장

유의 사항

○ 귀하께서 당해 농지의 취득과 관련하여 허위 기타 부정한 방법에 의하여 이 증명서를 발급받은 사실이 판명되면 「농지법」 제59조의 규정에 따라 3년 이하의 징역이나 3천만 원 이하의 벌금에 처해질 수 있습니다.
○ 귀하께서 취득한 당해 농지를 취득 목적대로 이용하지 아니할 경우에는 「농지법」 제11조 제1항 및 제62조의 규정에 따라 당해 농지의 처분명령 및 이행강제금이 부과될 수 있습니다.

도로가 난다고 했는데
안 날 수도 있나요?

오래전 부동산을 할 때였다. 시골에는 예정되어 있던 도로가 많았고, 그 예정 도로를 보고 투자한 사람들 또한 많았다.

토지이용확인원(확인 도면)

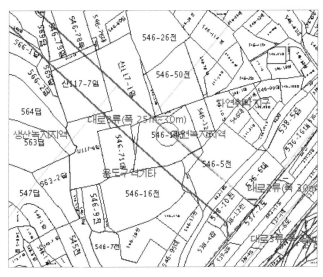

예정 도로 위성사진

어느 날 부동산에 손님이 찾아와 땅의 가격을 알고 싶다고 했다. 손님이 불러준 지번으로 땅을 살펴보았다.

토지이용확인원을 검색한 결과, 앞의 도면의 빨간 선처럼 도로가 예정된 상황이었지만 위성사진으로 보았을 때 도로는 개설되어 있지 않은 모습이었다.

"땅을 살펴본 결과 지적상 맹지네요. 도로가 없습니다. 물론 토지이용확인원상 예정 도로가 잡혀 있지만, 예정일 뿐이므로 이 도로가 개통될지 여부는 확인할 수 없습니다. 또한 도로가 난다고 해도 언제 개통될지도 알 수 없고요. 지금 저렴하게 내놓으면 매도할 수도 있겠지만, 매도 금액이 너무 크면 매매하기는 힘들 것으로 보입니다. 얼마에 내놓으시게요?"

"5년 전에 이 땅을 살 때 도로가 난다고 해서 평당 120만 원에 샀으니까 그 이상은 받았으면 좋겠는데요."

2차선이 개통되어 있을 때를 기준으로 한 금액으로 매입한 것이다. 말 그대로 토지를 잘못 매수한 경우였다. 실제로 이렇게 땅을 매수하는 사람들이 많다. 물론 도로가 예정대로 개통된다면 좋지만, 예정 도로가 어느 날 갑자기 사라져버리는 경우를 많이 보았다. 그러니 도면상에 예정 도로가 있어도 예정이 취소될 수 있다는 사실을 꼭 인지해야 한다. 실제로 앞의 예정 도로는 10년이 지난 지금 도면상에서 사라져버렸다.

도로가 생기면
무조건 좋은 건가요?

도로가 만들어지는 경우는 여러 가지가 있다. 개인이 필요해서 직접 만들기도 하고, 비도시 지역에 자동차 전용 도로나 고속도로가 개통되는 경우 등 여러 가지 이유로 도로가 개설되곤 한다.

많은 사람이 길이 없던 땅에 도로가 뚫리면 무조건 좋은 줄로 착각한다. 그러나 도심지에 도로가 개통되더라도 도로 주변에 완충 녹지가 생기면 내 땅이 도로에 붙어 있는 것처럼 보여도 실질적으로는 맹지와 다를 바가 없다. 한편, 내 땅 옆으로 개인 사도가 개설된다면 내가 건물을 짓기 위해서는 도로의 주인, 즉 사도권자의 동의가 무조건 필요하다. 그러므로 도로가 있어도 그 도로를 사용하는 데 제한이 생길 수도 있다. 다시 말해, 도로가 개설되더라도 어떤 도로인지에 따라 내 땅의 가치가 달라진다는 말이다.

예전에 도시 내부에 도로 개설 계획이 성립하여 개통되는 것까지 지켜본 적이 있다. 도로가 개통되기 전만 하더라도 예정 도로에 붙어 있는 땅의 호가가 하늘 무서운 줄 모르고 치솟았다. 그런데 도로가 개통되자마자 호가가 올라가기는커녕 거래조차 되지 않았다. 도로변으로 완충 녹지가 설정되었기 때문이다. 일단 건물을 짓기 위해서는 내 땅 앞에 있는 도로가 건축법상 도로여야 하는데, 건축법상 도로는 자동차와 사람이 다니는 폭 4m의 길이라고 정의되어 있다. 그러나 완충 녹지가 설정되어 있는 도로는 자동차의 진출입이 불가능하여 건축법상 도로가 아니다. 결론적으로, 완충 녹지가 있는 도로에 접한 토지는 건물을 지을 수 없게 된다. 그렇다면 길이 없는 맹지나 마찬가지라 토지를 이용하기 힘들어진다. 그러므로 땅 옆으로 도로가 개설되더라도 어떤 도로가 어떻게 조성되는지에 따라 호재일 수도 있고, 아닐 수도 있다.

건축법상 도로
건축법에 의한 도로란 보행과 자동차 통행이 가능한 너비 4m 이상의 도로나 예정 도로를 말한다.

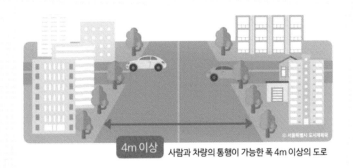

4m 이상 사람과 차량의 통행이 가능한 폭 4m 이상의 도로

출처: 서울특별시 도시계획국

완충 녹지

재해 위험 및 공해 가능성이 높은 공간으로부터 생활 공간인 시가지의 안전과 건강을 확보하기 위하여 만든 녹지

완충 녹지의 특징

1 | 도시계획시설인 공원과 녹지는 지정되는 자체로 목적이 달성되므로 사적 재산권을 크게 제한한다.

2 | 완충 녹지에 저촉되면 기존에 건물이 있는 경우는 상관없으나 새롭게 건물을 짓는 것은 불가능하다.

3 | 접도 구역과 달리 완충 녹지는 이면 도로가 없는 한 나머지 땅에 건축할 수 없다.

4 | 건축 허가를 받거나 진출입로 등을 설치할 때, 녹지의 점용 허가 불가로 완충 녹지 설치 지역 내에 진출입이 제한되므로 당해 토지가 소위 '맹지'가 되어 재산권 행사 제한 등의 피해를 보게 된다.

대지와 잡종지 중에서
어떤 게 좋나요?

어느 날 소유한 땅에 건물을 지어서 월세를 받고 싶다는 손님이 찾아왔다. 그래서 토지를 살펴보니, 마을 안쪽에 위치한 땅으로 아직 시골이기에 식당이나 소매점을 지어서는 월세를 받기 힘들 것 같았다. 대신, 민원이 들어올 것 같지 않으니 고물상도 괜찮을 것으로 판단했다.

손님은 지목이 무엇이 되느냐고 물었다. 고물상으로 개발하면 지목은 잡종지가 된다. 그 이야기를 듣자, 손님은 대지가 더 좋은 것이 아니냐며 대지로 개발하고 싶다고 말했다. 그러나 대지보다 잡종지에서 사용할 수 있는 시설이 더 많다. 잡종지가 대지보다 못한 이유는 하나도 없다.

이렇듯, 잡종지보다는 대지가 좋은 게 아니냐고 질문받는 경우가 많다. 대지와 잡종지는 모두 개발행위허가 준공을 득한 토지로서, 대지와 잡종지에서는 주택 및 근생 시설이 모두 가능하다. 하지만 대지에는 분뇨 및 쓰레기 처리 시설은 지을 수 없다. 대신 잡종지에서는 고물상을 비롯한 여러 가지 시설이 가능하다. 또한 고물상은 개발행위허가가 준공을 마친 뒤에도 개발 부담금 대상이 되지 않는 시설이기에 세금 면에서도 대지보다 유리하다. 많은 사람이 무의식적으로 잡종지는 쓸모없는 땅이라고 생각하는데, 잡종지의 쓰임이 대지보다 많다는 사실을 알아두자.

잡종지
97쪽, 28번 설명 참고

내 땅은
좋은 땅인가요?

2차선 도로변에 네모반듯한 농지가 있는데, 비싸게 팔 수 있겠냐고 묻는 사람이 있었다. 그래서 나는 서류를 분석하기 시작했다. 도로변에 접한 전으로, 도로변과 평행한 상태였기 때문에 성·절토의 양이 거의 없었고 그에 따른 구조물 또한 필요하지 않아 개발하는 데 토목공사 비용이 거의 들어가지 않을 것으로 판단되었다. 또한 2차선 도로변이었기 때문에 여러 가지 용도의 건축물이 들어설 수 있었다. 따라서 비싼 가격에 매도할 수 있을 것 같았다.

그런데 토지이용확인원을 열람해보니, 보전관리지역이었다. 보전관리지역은 건폐율 20%인데다 들어설 수 있는 건축물이 아주 제한적이므로, 2차선 변을 이용해야 하는 식당이나 진입 도로 조건을 매우 중요하게 여기는 제조장 등은 만들 수 없다. 한마디로 말해, 토지의 모양이나 위치 조건은 좋지만, 토지이용계획상 보전관리지역이라 건축물이 매우 제한적이고 건폐율 또한 20%밖에 되지 않아서 서류상으로 볼 때 활용 가치가 없었다. 결국 좋은 값에 매도하기 힘들다고 말했다.

좋은 토지를 고르려면 현장 모습도 매우 중요하지만, 서류상 어떠한 건축물이 들어올 수 있는지, 건폐율이 몇 %인지에 따라 땅의 가치가 달라질 수 있음을 잊지 말아야 할 것이다.

또 다른 예를 살펴보자. 한적한 시골 동네 한복판에 위치한 토지를 분석해달라는 요청이 들어왔다. 직접 보니 마을로 들어가는 주도로에 접한, 지목이 답인 토지였다. 논으로 이용하고 있었지만 토지의 모습은 마을로 들어가는 길과 평행했다. 서류상으로도 계획관리지역이라 지을 수 있는 건축물이 많고, 건폐율이 40%라 토지의 활용 가치가 매우 높았다. 또한 주변에는 다가구 건물과 주택이 즐비했다. 지대가 낮은 점을 고려하면 전원주택으로 조성하기보다는 수익형 부동산, 즉 다가구 부동산을 조성하기에 정말 좋은 입지였다. 따라서 토지의 서류적인 특징이나 입지만 보면 좋은 땅으로 판단하기 쉬웠다.

그런데 실질적으로는 마을로 들어가는 주 도로가 건축법상 도로폭(4m)에 미달되어 허가를 득할 수 없었다. 즉, 서류상으로 훌륭하고 현장의 모습 또한 아주 좋아 보여도 허가를 득하지 못하면 맹지나 마찬가지이므로 이용하기 어려운 토지가 될 수밖에 없다.

그러므로 토지에 투자할 때는 건물을 지을 수 있는지 여부를 해당 시·군·구에 꼭 문의해보고 매입을 결정해야 할 것이다.

보전관리지역

자연환경 및 산림 보호, 수질 오염 방지, 녹지 확보, 생태계 보전 따위를 위하여 보전할 필요는 있으나, 주변의 용도 지역과의 관계를 고려할 때 자연환경보전 지역으로 지정하여 관리하기가 곤란한 지역을 말한다.

계획관리지역

특별한 계획에 따라 체계적인 관리가 필요한 지역이다. 도시로 편입될 것으로 예상되는 지역과 자연환경을 위해 개발을 제한해야 하는 지역 등이 해당된다.

건폐율

대지 면적에 대한 건물의 바닥 면적의 비율(%)이다. 건축 밀도를 나타내는 지표의 하나로, 시가지의 토지 이용 효과를 판정하고 토지의 시설량, 인구량의 적절성을 판정하거나 도시 계획의 관점에서 건축을 규제하는 지표로 쓴다.

내 땅은 왜
안 팔리는 걸까요?

　본인이 산 땅이 안 팔리는데 왜 그런지 묻는 경우가 있었다. 실제로 땅을 분석해보니 땅의 모양이나 용도 지역 등 나쁜 조건의 땅이 아니었다. 크기도 400평이라 적당했고, 계획관리지역에 성장관리방안 수립지역이라 추가 건폐율이 있었으며, 도로에 접해 있고 배수로 또한 근처에 있어서 신축이 가능한 땅인데도 안 팔렸다.

　이때 내 땅의 매수자가 실수요자인지, 투자 수요자인지 냉정하게 판단할 필요가 있다. 이 토지는 도로변이 아니라 마을 안쪽에 있는 땅이었다. 상식적으로 전원주택을 짓고 싶어 하는 사람들은 지대가 높고 뒤에 산이 있으며 앞으로는 물이 흐르기를 바란다. 하지만 이 땅은 마을에 들어가는 중간쯤에 위치해 있고 지대도 높지 않으며 산과 물이 있지도 않았다. 또한 마을 중간에 공장을 세우고

싫어 하는 사람은 많지 않다. 마을의 작은 길로 큰 차가 드나들어야 하므로 불편하기 때문이다. 소매점이나 식당을 하고 싶어 하는 사람들도 좋아하지 않을 것이다. 즉, 실수요자의 입맛에는 맞지 않는 땅이다.

그렇다면 이 땅은 팔리지 않는 땅일까? 그렇지는 않다. 여기서 투자 수요를 생각해야 하는 것이다. 동네가 발전하여 땅값이 오를 것으로 기대되는 상황이 오면 이 토지의 값은 오를 것이고 거래 또한 이루어질 것이다. 그것이 정책을 보는 투자, 장기 투자다.

나는 동네 전체가 개발된다는 전제가 깔려 있는 투자는 좋아하지 않는다. 그래서 17년이나 토지 개발을 하고 있는 것인지도 모른다. 토지에 투자하면서 정책에 의존하기보다는, 토지를 매입해서 빠른 시간 내에 매도하기 때문에 오로지 실수요자만을 대상으로 한다. 토지 개발이라는 투자 방식은 원형의 토지를 매입해서 가공이라는 절차를 거친 뒤 실수요자만을 위한 부지로 조성해서 단기간 안에 토지를 매도하는 것이다. 많은 수익을 거두지 못할 수도 있지만, 빈번한 거래가 이뤄지는 적극적인 투자를 하고 싶었다.

그러므로 토지를 매입해서 빠른 시간 안에 매도하고 싶어 하는 토지 투자자라면 토지 개발이라는 투자 방식을 정확히 알아야 할 것이다. 앞의 땅이 안 팔린 이유는 장기 투자 방식의 토지를 매입했기 때문에 빨리 매도할 수 없었던 것이다.

개인 소유의 '구거'

혼자서 부동산을 운영하기에는 아직 어린 나이였을 때 나이 지긋한 건물주와 동업을 하게 되었다. 이미 부동산 거래를 많이 경험해본 사장님이라 그분을 통해 다양한 간접 경험을 할 수 있었다. 그러던 어느 날, 건물도 있고 영업도 하고 있는데 왜 자신의 땅은 지목이 전인지 물어보셨다. 지목 변경 신청을 안 해서 그런 건 아닌가 싶었는데, 사장님 말로는 무언가 잘못되어서 그렇다고 했다. 그래서 토목 설계실에 연락을 취했다.

그랬더니 건폐율 초과 때문이라고 설명해주었다. 땅에 개인 소유의 구거가 있었는데, 개인 소유라 하더라도 현장에 실지로 수로가 존재한다면 그 구거의 면적만큼은 건폐율을 산정해서는 안 된다. 그런데 면적을 집계하다가 현장에 수로가 있는데도 수로의 존재 여부를 확인하지 않고 구거 면적까지 건폐율로 산정해서 건물을 지었던 것이다.

구거 부지도 사유지일 수 있지만 실제로 물이 흐르고 있다면 건물을 지을 수는 없기 때문에 건폐율 산정 면적에서는 제외시켜야 한다. 그런데 실수로 건폐율 산정 면적에 합산해버려서 건폐율이 초과되어 지목이 대지로 변경되지 않았던 것이다.

책에서나 볼 법한 일이라고 생각했는데, 실제로 겪으니 신기했다. 이런 일도 일어나곤 한다는 사실을 염두에 두고 개인 소유의 구거가 있을 때는 건폐율을 잘 살펴봐야 할 것이다.

지목 변경
토지의 형태 또는 사용 목적이 바뀜에 따라 그 지목을 바꾸는 일. 지목을 변경하고자 하는 사유가 발생하면, 그날부터 60일 이내에 지적 소관청에 신청해야 한다.

땅의 모양을 바꾸는 게
가능한가요?

부동산에 근무하면서 많은 토지 투자자들이 땅의 모양을 바꾸어서 매도하는 것을 보곤 했다. 비교적 큰 규모의 토지를 매입해서 매수가가 높지 않게끔 작은 규모로 땅을 분할하면 신기하게도 빨리 매도되는 것을 볼 수 있었다. 그래서 땅은 작은 규모가 빨리 팔린다는 사실을 알게 되었다.

그렇다면 땅은 원하는 대로 아무 제한 없이 분할할 수 있는 것일까? 물론 내가 원하는 모양으로 바꿀 수는 있지만, 한 가지 제한이 있다. 개발행위허가에 의한 분할이어야 한다는 것이다. 기획부동산에서 개발 지역에 대규모로 토지를 매입하여 작게 잘라 길도 없는 땅을 매도하면서 선의의 피해자가 생겨났기 때문에, 시 차원에서는 토지의 무분별한 분할 행위를 막기 위해 개발행위허가를 받게 한다. 즉, 목적 없는 분할은 하기 힘들다.

분할을 하기 위해서는 시장·군수·구청장 등에게 허락을 받아야 하는데, 이것이 허가권에 의한 분할이다. 즉, 개발행위허가가 필요하므로, 토지를 매입하고 토목공사를 해서 일반인에게 공급하는 개발업자는 개발행위허가에 대해 정확히 알고 있어야 한다.

　토지의 전체 면적이 400평이고, 200평씩 나누어 2개의 개발행위 허가를 신청했다고 가정하자. 그러면 2개의 허가서가 나온다. 그러나 허가만 득했다고 해서 바로 분할되는 것은 아니다. 허가서가 나오면 지적공사에 2개의 허가서에 의한 분할 측량을 신청하고, 순번이 정해지면 현장에서 분할 측량을 실시한다. 모든 측량이 끝나고 성과도를 시에 제출하면, 지적도상에 토지가 분할되어 표시되는 것이다.

　그런데 대부분의 사람들이 사들인 토지의 면적 그대로 매도해야 하는 줄 안다. 그러나 땅 모양은 내가 원하는 대로 바꿀 수 있고, 작은 땅이 매도하기에 유리하다는 사실을 잊지 말자.

내 땅이 수용당하면
나쁜 건가요?

　부동산을 운영하면서 "수용당하면 쪽박이고, 수용당하지 않으면 대박"이라는 말을 종종 듣곤 한다. 그런데 내가 사는 동네에 신도시가 생기면서 이 말의 의미를 정확하게 알게 되었다. 실제로 땅을 수용당한 사람에게 손해를 보았는지 물어보았다. 그러나 평당 10만 원에 매입한 땅인데 25만 원씩 보상받았다고 대답했다. 그러니 손해를 보지는 않았다.

　그렇다면 그 말의 의미는 무엇일까? 수용 외 지역은 엄청나게 땅값이 오르지만, 수용당하면 보상을 받고 끝나기 때문에 상대적으로 쪽박을 찬다고 하는 것이다. 즉, 수용당해서 큰 손해를 본 듯 얘기하는 사람들이 사실상 손해를 본 것은 아니라는 말이다. 그 이후로 일부러 수용당하는 위치를 골라서 투자하는 사람들의 심리를 이해할 수 있게 되었다. 수용을 당해도 매입한 금액의 2배 이상의 금액을 보상받기 때문에, 수용을 당하면 돈을 번다. 다만, 금액의 규모가 다를 뿐이다. 그러니 수용당해도 실질적으로 손해는 보지 않는다.

토지 수용과 보상

특정한 공익사업을 위하여 법률이 정하는 바에 따라 정당한 보상을 지급하고 강제적으로 토지 소유권 따위를 취득하는 것을 말한다. 토지가 수용될 경우 보상은 시가를 기준으로 하는 완전 보상을 원칙으로 하지만, 지가 고시가 행해지면 고시 가격을 기준으로 공익상 합리적 사유를 감안하여 차감하는 상당 보상의 원칙에 준한다. 협의가 원만하게 이뤄지지 않으면 토지수용위원회에 재결을 신청할 수 있는데, 사업 시행자가 보상금을 지급하거나 공탁하면 토지 소유권을 취득한다. 재결에 이의가 있다면 이의 신청을 하거나 행정소송을 진행한다.

임야보다 농지가
좋은 거죠?

　나는 임야보다는 농지가 좋은 것이라 생각했다. 논이나 밭에서는 쌀이나 농작물 등을 얻을 수 있지만, 임야는 가지고 있으면 세금만 낼 뿐 얻을 수 있는 것이 없기 때문이다. 공시지가만 보더라도 임야보다 농지가 더 비싸므로 임야보다 농지가 훨씬 가치가 있는 것이라고 생각했다.

　그런데 시간이 지나면서 생각이 달라졌다. 개발행위허가를 득할 시에 납부하는 세금 때문이다. 농지와 임야는 개발행위허가를 득할 때 납부하는 세금이 다르다. 농지에 건물을 지으려 할 때는 농지보전분담금이라는 세금을 납부해야 하는데, 평당 공시지가의 30%다. 임야는 대체산림자원조성비라고 하여 산림청장이 매년 고시하는 금액(약 1만 5,000원)과 토지 공시지가의 1%를 합한 금액을 평수에 곱하면 된다. 그러므로 상대적으로 매우 저렴하다.

장기 투자의 관점에서 보면 임야가 농지보다 좋은 조건을 가지고 있다고는 할 수 없겠지만, 단기 투자의 관점에서 보면 농지보다 임야가 조성 원가를 줄일 수 있다. 그래서 상대적으로 전용비가 저렴한 임야가 농지보다 가치가 있기도 하다. 이와 같이 지목이 농지인지, 임야인지에 따라 투자 가치가 달라질 수 있다. 그러므로 토지를 빠른 시간 안에 매도하기를 바란다면 이를 염두에 두어야 할 것이다.

농지보전분담금
농지에 대해 개발행위허가를 득할 때 납부해야 하는 세금으로, 농지관리기금을 운용·관리하는 한국농어촌공사가 부과하고 징수한다.

대체산림자원조성비
임야에 대해 개발행위허가를 득할 때 납부해야 하는 세금으로, 관할 행정청이 이를 부과하고 징수한다.

건물을 지으면
세금을 내야 하나요?

    100평짜리 4동은 지을 수 있는 공장 부지를 알아보는 손님이 찾아왔다. 계획관리지역이라면 건폐율이 40%니까 최소한 1,000평은 필요했다. 마침 좋은 부지가 있어서 소개해주었다. 그랬더니 손님은 부지가 마음에 든다며 건물을 지어달라고 부탁했다.

    부지에 공장 건물을 짓고 2달쯤 지난 후, 부지를 매입한 손님이 고지서를 들고 찾아왔다. 개발부담금 5천만 원을 납부하라는 내용이었다. 자신은 개발되어 있는 부지를 매입했을 뿐이라며, 이 세금은 개발한 쪽에서 납부하는 게 맞지 않느냐고 따졌다. 그래서 개발이익환수에관한법률 제6조에는 개발부담금 납부 의무자를 명시하고 있는데, 부지를 매입하면 사업 시행자의 지위를 승계하게 되며, 이 경우에는 개발 사업 완료 전에 사업 시행자의 지위를 승계했으므로 손님이 개발부담금을 납부해야 한다고 설명해주었다. 또한 개발 사업을 위탁하거나 도급한 경우에는 위탁이나 도급한 자라고 명시되어 있기도 하다. 당장 5천만 원을 내기가 어려우면, 부과된 세금이 2천만 원 이상일 경우 납부 시기를 연기하거나 분납을 신청할 수 있으니 시에 문의해보라고 했다.

개발부담금이 무엇이고 누가 납부해야 하는지 정확히 알지 못하는 경우가 많다. 개발부담금이란 개발하는 사업 시행자가 개발이익환수에관한법률에 의해 정부에 납부하는 세금으로, 건축물 준공 당시에 토지 소유자에게 나오는 세금이다. 그러므로 개발부담금 대상이 되는 부지에서 사업을 완료하면 건축물 준공 당시의 토지 소유자에게 개발 부담금이 부과된다는 사실을 알아두자.

개발부담금

국가 또는 지방자치단체로부터 허가·인가·면허 등을 받아 택지개발사업·공업단지조성사업 등 각종 개발 사업을 시행하는 사업자가 개발이익환수에관한법률에 의해 정부에 납부하는 부담금을 말한다.

개발부담금 = (준공일 공시지가 − 부과 개시 시점 공시지가 − 개발 비용 − 전국 평균 지가 상승분 또는 정기예금 금리) X 25 / 100

개발부담금 납부 의무자

개발부담금은 단순히 '사업 시행자'만이 부담하는 것이 아니다.

개발이익환수법 제6조를 보면,

□ 사업 시행자가 개발부담금을 납부할 의무가 있지만, 다음 각 호에 해당하면, 그에 해당하는 자가 개발부담금을 납부하여야 한다.

1. 개발사업을 위탁하거나 도급한 경우에는 그 위탁이나 도급을 한 자(또는 그 지위 승계자)
2. 개발사업을 완료하기 전에 사업 시행자의 지위를 승계한 자
3. 개발부담금을 납부하여야 할 자가 대통령령으로 정하는 조합의 조합원이 되는 경우로는, 조합이 해산한 경우, 조합의 재산으로 그 조합이 납부할 개발부담금 · 가산금 등에 충당해도 부족한 경우다.

여기서 주의할 것이, '사업 시행자', '위탁이나 도급자', '토지 소유자'의 지위 승계자가 개발부담금을 납부하여야 한다는 것이다. 즉, 개발 사업을 완료하기 전에 사업 시행자의 지위를 승계하면 개발부담금을 스스로 부담해야 한다.

개발부담금 납부 연기 및 분할 납부

개발이익환수에관한법률 제20조에 자세한 내용이 있다.

① 국토교통부 장관은 개발부담금의 납부 의무자가 다음 각 호의 어느 하나에 해당하여 개발부담금을 납부하기가 곤란하다고 인정되면 대통령령으로 정하는 바에 따라 해당 개발 사업의 목적에 따른 이용 상황 등을 고려하여 3년의 범위에서 납부 기일을 연기하거나 5년의 범위에서 분할 납부를 인정할 수 있다.〈개정 2013. 3. 23.〉

1. 재해나 도난으로 재산에 심한 손실을 받은 경우
2. 사업에 뚜렷한 손실을 입은 경우
3. 사업이 중대한 위기에 처한 경우
4. 납부 의무자 또는 그 동거 가족의 질병이나 중상해로 장기 치료가 필요한 경우
5. 그 밖에 대통령령으로 정하는 경우

② 납부 의무자가 제1항에 따라 개발부담금의 납부 기일의 연기 및 분할 납부를 인정받으려면 대통령령으로 정하는 바에 따라 국토교통부 장관에게 신청하여야 한다.〈개정 2013. 3. 23.〉

③ 국토교통부 장관은 제1항과 제2항의 경우에 납부를 연기한 기간 또는 분할 납부로 납부가 유예된 기간이 1년 이상일 경우 그 1년을 초과하는 기간에 대하여는 개발부담금에 대통령령으로 정하는 금액을 가산하여 징수하여야 한다.〈개정 2014. 1. 14.〉

진짜 돈 되는 토지 투자 노하우

3

내가 배운

토지

기초 개념

2부

'땅' 하면 왜
투기가 떠오를까요?

　내가 어린 나이에 토지 투자를 한다고 하자, 주위에 사람들은 왜 하필 투기를 하느냐고 물었다. 왜 사람들은 토지에 투자하는 것을 투기라고 생각할까? 매스컴 등을 통해 토지 투자로 많은 돈을 벌었다는 얘기를 종종 듣곤 하는데, 어느 곳에 사둔 땅이 갑자기 개발되면서 10배 이상 올랐다는 식이다. 이는 노력해서 돈을 벌기보다 정부 정책에 의해 우연히 큰돈을 벌게 된 것이다. 그래서 땅 투자는 노력이 아닌 운에 따른 것이라고 생각하고, 투기라고 여긴다.

　물론 틀린 말은 아니다. 토지 투자에서 정부의 정책은 굉장히 중요한 요소다. 어디를 개발할 것인지 예상하여 그 지역의 토지를 미리 선점하는 것이 토지 투자의 핵심이라고 생각하는 사람도 많다. 하지만 그런 토지 투자는 불확실한 미래에 대한 모험이라고 생각한다. 개발이 되면 대박이 나지만, 개발되지 않으면 아무 일도 생기지 않는다는 말이 아닌가? 이는 동전 던지기와 다를 바가 없다.

불확실한 미래에 대한 기대로 토지를 매입하면 얼마나 기다려야 할지도 모르고, 개발이 되지 않을 수도 있다. 나는 이런 불확실한 것에 투자한 적이 없다. 대신 실수요자에게 초점을 맞춘다. 경기가 좋으면 시설을 확장하기 위해 땅을 매입할 것이고, 경기가 좋지 않아 땅값이 떨어지면 이를 기회로 여기고 땅을 매입할 것이기 때문이다. 즉, 실수요자를 보고 투자한다면 어디가 개발될지 따질 필요도 없고, 경기의 좋고 나쁨에 따라 땅값이 좌지우지될 확률도 낮다는 말이다.

그렇다면 실수요자들은 어떤 입지의 땅을 사고 싶어 할까? 공장을 하는 사람들은 큰 차가 들락날락해야 하기 때문에 진입로를 따질 것이고, 식당이나 카센터 등을 하는 사람들은 도로변 부지를 물색할 것이다. 그래서 실수요자들이 좋아할 만한 위치에 있는 토지를 미리 선점하여 매수자들이 원하는 부지로 조성하고 저렴한 값에 분양하는 일을 하게 되었다. 이런 토지 개발은 노력한 만큼 대가를 얻게 되며, 좀 더 적극적인 형태의 토지 투자라고 할 수 있다.

땅은 오래 묵혀야
비싸지는 게 아닌가요?

　나는 땅을 사서 1년 되는 시점에 매도하는데, 땅을 더 묵혀도 될 텐데 너무 빨리 파는 것은 아니냐고 묻는 경우가 많다. 하지만 실수요자에 초점을 맞추는 단기 투자의 경우에는 땅을 오래 가지고 있을 이유가 없다. 단기 투자는 실수요자들이 좋아할 만한 땅을 미리 선점해서 최소한의 비용으로 부지를 조성하고 매수자에게 저렴한 값에 공급하는 형태이기 때문에 땅을 오래 묵힐 필요가 없는 것이다. 사실 이런 투자 형태를 자주 보기 힘들 뿐이지, 이런 방식이야말로 진정한 토지 투자가 아닐까 생각한다.

　실수요자들이 좋아할 만한 토지를 물색하고, 개발행위허가를 득하면서 최대한 대출을 받아 적은 현금을 들여 토지를 매입한 후, 공급하기 좋게끔 저렴한 비용으로 부지를 조성하는 데 드는 기간은 대개 3개월 정도다. 그렇게 보면 1년이 되는 시점에 토지를 매도하는 것이 빠르다기보다는 오히려 늦다고 여겨질 수도 있다. 그러나 세금 문제 때문에 적어도 1년은 지나서 매도하는 것이 좋다.

하지만 토지를 매입하여 빨리 매도하지 못한다고 해도 절대로 실패한 것이 아니라고 말하고 싶다. 단기 매도를 위해서는 토지의 매입에서부터 도로의 조건이라든지 배수로의 조건, 주변 환경 등을 고려하여 사람들이 좋아할 만한 땅을 매입해야 하므로, 만에 하나 토지가 빨리 팔리지 않는다 해도 내가 매입한 토지는 분명 가치가 있는 토지이기 때문에 시간이 지나면 지날수록 값은 분명히 올라간다.

이런 이유로, 토지는 오래 묵힐수록 값이 많이 오르는 것 아니냐고 사람들이 물을 때, 그 토지가 오를 만한 가치가 있느냐에 따라 다르다고 대답한다. 그리고 토지를 매입한 뒤 그저 '시간이 지나면 많이 오르겠지' 생각하며 막연하게 기대하는 건 수익을 꿈꾸는 투자자로서 바람직한 태도가 아니라고 생각한다.

거듭 강조하지만, 단기 투자는 가장 먼저 가치 있는 토지인지를 구별해내고 그 가치가 잘 드러날 수 있게 가공하는 절차를 밟기 때문에, 단시간에 빨리 팔지 못해도 언젠가는 가격이 오른다. 다시 말해, 단기 투자는 토지 투자에 있어서 절대 실패할 수 없는 필살기가 되는 것이다.

토지 투자는 돈이 많아야
할 수 있지 않나요?

토지에 투자하기를 권하면 대개는 하고 싶긴 한데 가진 돈이 없다고 말한다. 하지만 내가 토지 투자를 시작했을 때 가진 돈이라곤 마이너스 대출 1천만 원이 전부였다. 이렇게 적은 돈으로 어떻게 토지에 투자할 수 있었을까? 1천만 원으로는 토지 투자가 현실적으로 힘들기 때문에 함께 투자할 사람이 필요했다. 어릴 적부터 부동산에 몸을 담고 있었기에 토지 투자를 함께할 사람들이 주위에 많았고, 그 덕에 적은 돈으로도 토지 투자에 참여하여 빠른 시간 안에 돈을 벌 수 있었다.

적은 돈으로 토지 투자를 하기 위해서는 꼭 지식이 많거나 땅을 개발할 줄 알아야 하는 것은 아니다. 가장 중요한 것은 나와 뜻을 함께할 사람이 있느냐는 것이다. "혼자 가면 빨리 갈 수 있지만, 함께 가면 멀리 갈 수 있다"는 말이 있다. 적은 돈으로 돈을 버는 것은 혼자만의 힘으로는 불가능하다. 그렇기에 같은 뜻을 가진 사람을 많이 알아야 한다. 어떻게 투자할지 공부하기 이전에, 많은 사람과의 유대 관계를 중요시하고 꼭 필요한 사람이 되려 노력해야 한다는 말이다.

하지만 투자 동료를 만드는 일은 단시간에 이루기 어렵다. 따라서 성급하게 욕심내지 말고 차근차근 관계를 다져나가야 한다. 우선 토지 투자에 대한 확고한 뜻이 있다면, 내가 투자할 지역을 자주 다니면서 살피고, 그 과정에서 만나게 되는 사람들과 인맥을 쌓아나가도록 하자. 어떤 사람이 어떤 생각과 가치관을 가졌는지는 여러 차례 대화를 나누고 직접 겪어보지 않으면 알 수 없다. 충분한 시간을 두고 대화를 나누면서 신뢰를 바탕으로 함께 투자할 만한 사람인지, 제 몫을 감당하면서 끝까지 목표를 향해 나갈 수 있을지 확인하자. 그리고 적절한 시기에 이르러 공동 투자를 하기로 했다면, 그때부터는 '내'가 아닌 '우리'가 되었음을 꼭 기억하기 바란다. 사소해 보이는 생각의 차이가 결과적으로 큰 차이를 낳는다.

팔리는 땅은
따로 있나요?

　결론부터 얘기하면 팔리는 땅은 따로 있다. 입장을 바꿔 생각해보면 답은 쉽게 나온다. 토지 물건을 가지고 상담하러 찾아오는 경우가 많은데, 대부분의 토지 물건은 무엇을 하면 좋을지 전혀 떠오르지 않거나 아무리 싸도 사고 싶은 마음이 생기지 않는다. 즉, 투자 가치가 없다는 말이다. 토지를 사는 것은 문구점에서 정찰제 볼펜 한 자루를 사는 것과는 다른 개념이라는 뜻이기도 하다.

　내 땅이 민가가 없는 산기슭에 있다고 가정해보자. 이 땅이 팔릴까? 굳이 생각해보지 않아도 팔리기 힘들 것이다. 지목이 전인데 주변에 민가도 많고, 땅 모양도 잘생겼으며, 가격 또한 주변보다 저렴하다고 하자. 다만 근처에 축사가 있어서 낮이고 밤이고 소똥 냄새가 너무 심하다. 과연 이 토지가 팔릴 수 있을까? 누구도 매일 소똥 냄새를 맡고 싶지 않을 테니, 그 토지에 건물을 지으려 하지는 않을 것이다.

　그렇다면 어떤 토지가 팔릴까? 2차선 도로변에 지목상 답이 있다고 하자. 2차선 도로는 도로법상 도로이기 때문에 건물을 지으려면 가·감속 차선 공사가 이루어져야 한다. 또 논으로 쓰이고 있으니 도로보다 현저히 낮아서 부지를 조성하려면 많은 비용이 들 것이다. 하지만 2차선 통행량이 아주 많고 인근에 주택 단지도 형성되어 식당이나 카센터가 들어서면 장사가 잘될 것 같다면 어떨까? 매도 금액에 따라 시기가 달라질 뿐, 결국에는 팔릴 것이다.

　이처럼 팔리는 땅은 따로 있다. 투자자라면 개발 계획이 수반되어야 매입할 것이고, 실수요자라면 토지가 처해진 상황에 따라 매입할 것이다. 파는 사람 입장에서 얘기한다면 개발 계획이 있어야 토지를 팔 수 있다. 즉, 토지의 상황이 사람들이 이용하기 좋아야 팔릴 거라는 말이다. 그러니 사려고 하는 토지가 팔릴 만한 가치를 가지고 있는지 먼저 따져야 한다. 이것이 바로 토지 투자의 핵심이라고 얘기해도 과언이 아니며, 그런 것을 알아볼 수 있는 실력을 길러야 한다.

그린벨트 땅은
왜 거래가 되나요?

그린벨트는 개발제한구역으로, 건물을 지으려 할 때 개발행위허가를 득할 수 없다. 건물을 지을 수 없으니 거래도 일어나지 않을 것이라 생각하기 쉽지만, 실제로는 그린벨트의 땅이 비싸게 거래되곤 한다. 왜 그린벨트의 땅은 비싼 가격으로 팔릴까?

도시의 환경이 나빠지면서 사람들은 공기 좋고 물 좋은 곳을 주거지로 선호한다. 문화생활을 영위할 수 있으면서도 공기와 물이 좋은 곳에서 살고 싶어 하는 것이다. 그러기에는 그린벨트가 안성맞춤이다. 그린벨트는 자연 녹지로서 주거, 상업, 공업지역과 함께 도시지역으로 구분된다. 인근에 병원, 마트, 편의 시설 등이 있어서 문화적인 혜택을 누리면서도 자연환경도 누릴 수 있다.

그런 관점에서 볼 때 그린벨트는 아주 좋은 환경을 갖추고 있다. 그렇다면 기본적으로 건물을 지을 수 없는 그린벨트에 어떻게 집을 짓고 살 수 있을까? 방법은 여러 가지가 있지만, 법을 잘 알면 법을 어기지 않으면서도 그린벨트에 건물을 신축할 수 있는 방법이 보이기도 한다.

그린벨트

도시의 경관을 정비하고 환경을 보전하기 보존하기 위해 지정된 개발제한구역으로, 녹지대라 그린벨트라고 부른다. 건축물의 신축 및 증축, 용도 변경, 토지의 형질 변경, 토지 분할 등이 제한된다. 그러나 개발제한구역을 지정한 목적에 어긋나지 않는 범위에서는 승인이나 허가를 받으면 개발할 수 있다. 농경이나 목축 등의 경제적 목적을 위한 생산녹지, 도시를 둘러싼 농장·유원지·임야 및 산지, 공장의 배기가스와 소음으로부터 주거지를 방지하는 동시에 시가지의 팽창을 막는 차단녹지가 있다. 일반적인 그린벨트에는 농가나 정원을 둔 주택이나 학교 등의 건물이 들어설 수 있다.

토지의 면적은
어떻게 계산하는 건가요?

토지 투자를 하려면 기본적으로 서류를 볼 줄 알아야 한다. 토지의 특성을 알려주는 토지이용계획확인서라는 서류에서는 토지의 면적을 ㎡로 표시하므로, ㎡를 평으로, 평을 ㎡로 환산하는 방법을 알아야 한다. ㎡는 0.3025를 곱하면 평을 구할 수 있다. 예를 들어 1,000㎡라면 1,000×0.3025 하여 302.5평임을 알 수 있다. 반대로 평을 ㎡로 환산하기 위해서는 평수에 3.3058을 곱하면 ㎡를 구할 수 있다. 302.5평을 ㎡로 환산하면 1000.0045㎡가 나오므로 1,000㎡라고 할 수 있다.

이를 통하여 현장에서 땅의 면적을 예상하는 방법이 있다. ㎡는 가로×세로이기 때문에 ㎡에 맞게 토지의 가로와 세로를 정하고 가로의 길이와 세로의 길이를 예상한다면 어디까지가 나의 땅이라는 것을 유추해낼 수 있는 것이다.

토지이용계획확인서 예시

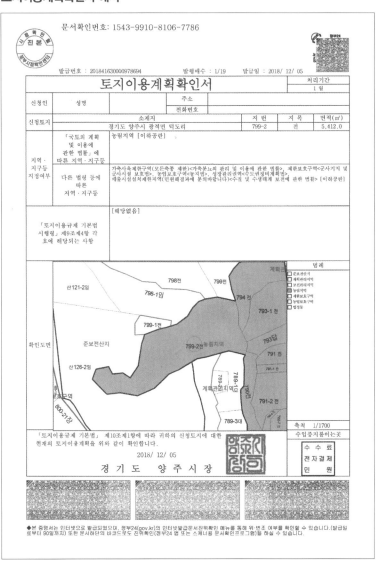

발급번호 : 201841630000978694   발행매수 : 1/19   발급일 : 2018/ 12/ 05

토지이용계획확인서

			처리기간
			1 일

신청인	성명		주소				
			전화번호				
신청토지	소재지				지번	지목	면적(㎡)
	경기도 양주시 광적면 덕도리				799-2	전	5,412.0

지역·지구등 지정여부	「국토의 계획 및 이용에 관한 법률」에 따른 지역·지구등	농림지역 [이하공란]
	다른 법령 등에 따른 지역·지구등	가축사육제한구역(모든축종 제한)<가축분뇨의 관리 및 이용에 관한 법률>, 제한보호구역<군사기지 및 군사시설 보호법>, 농업보호구역<농지법>, 성장관리권역<수도권정비계획법>, 배출시설설치제한지역(빈원해결과에 문의바랍니다)<수질 및 수생태계 보전에 관한 법률> [이하공란]

「토지이용규제 기본법 시행령」제9조제4항 각 호에 해당되는 사항	[해당없음]

확인도면

「토지이용규제 기본법」 제10조제1항에 따라 귀하의 신청토지에 대한 현재의 토지이용계획을 위와 같이 확인합니다.

2018/ 12/ 05

경 기 도   양 주 시 장

수 수 료	
전자결제	
민 원	

◆ 본 증명서는 인터넷으로 발급되었으며, 정부24(gov.kr)의 인터넷발급문서진위확인 메뉴를 통해 위·변조 여부를 확인할 수 있습니다.(발급일 로부터 90일까지) 또한 문서하단의 바코드로도 진위확인(정부24 앱 또는 스캐너용 문서확인프로그램)을 하실 수 있습니다.

지목과 용도 지역은
무엇을 말하는 건가요?

앞에서도 전이니 답이니 하는 말이 여러 번 등장했는데, 토지 투자를 할 때는 지목과 용도 지역을 기본적으로 알아야 한다. 지목과 용도 지역만 잘 구분해도 토지 투자자로 인정받는다.

지목은 무엇을 의미할까? 쉽게 말해 땅의 이름이라고 생각하면 된다. 밭농사를 짓는 땅은 '전', 벼농사를 짓는 땅은 '답', 건물이 있거나 있었던 땅은 '대지', 나무가 있는 땅은 '임야'라고 부른다. 우리 나라에는 총 28개의 지목이 있다. 대개는 용도의 앞뒤 글자를 따서 지목을 만들기에 금방 유추해낼 수 있다. 지목에 따라 부여하는 세금의 종류가 다르기 때문에 토지에 투자하여 땅을 가공하는 사람들은 꼭 알아두어야 한다.

또 중요한 것이 용도 지역이다. 용도 지역만 잘 구분해도 토지의 전체적인 흐름을 이해하는 데 도움이 된다. 우리나라 전 국토는 21개의 용도 지역으로 구분하는데, 크게는 도시 지역과 비도시 지역으로 구분한다. 말하자면 건물이 많은 지역과 없는 지역이다. 각종 세금은 도시 지역과 비도시 지역을 구분해서 부과되고, 각 용도 지역별로 건폐율과 용적률을 정하며 지을 수 있는 건축물이 정해지기 때문에, 용도 지역을 명확히 구분해야 한다.

28개의 지목 분류

1. 전
물을 상시적으로 이용하지 않고 곡물 · 원예작물(과수류를 제외한다) · 약초 · 뽕나무 · 닥나무 · 묘목 · 관상수 등의 식물을 주로 재배하는 토지와 식용을 위하여 죽순을 재배하는 토지

2. 답
물을 상시적으로 직접 이용하여 벼 · 연 · 미나리 · 왕골 등의 식물을 주로 재배하는 토지

3. 과수원
사과 · 배 · 밤 · 호도 · 귤나무 등 과수류를 집단적으로 재배하는 토지와 이에 접속된 저장고 등 부속 시설물의 부지. 다만, 주거용 건축물의 부지는 '대'라 한다.

4. 목장 용지
다음 각 목의 토지는 목장 용지라 한다. 다만, 주거용 건축물의 부지는 '대'라 한다.
가. 축산업 및 낙농업을 하기 위하여 초지를 조성한 토지
나. 축산법 제2조 제1호의 규정에 의해 가축을 사육하는 축사 등의 부지
다. 가 목 및 나 목의 토지와 접속된 부속 시설물의 부지

5. 임야
산림 및 원야(原野)를 이루고 있는 수림지 · 죽림지 · 암석지 · 자갈땅 · 모래땅 · 습지 · 황무지 등의 토지

6. 광천지

지하에서 온수·약수·석유류 등이 용출되는 용출구와 그 유지(維持)에 사용되는 부지. 다만, 온수·약수·석유류 등을 일정한 장소로 운송하는 송수관·송유관 및 저장 시설의 부지는 제외한다.

7. 염전

바닷물을 끌어들여 소금을 채취하기 위하여 조성된 토지와 이에 접속된 제염장 등 부속 시설물의 부지. 다만, 천일 제염 방식에 의하지 않고 동력에 의하여 바닷물을 끌어들여 소금을 제조하는 공장 시설물의 부지는 제외한다.

8. 대

다음 각 목의 토지는 '대'라 한다.

가. 영구적 건축물 중 주거·사무실·점포와 박물관·극장·미술관 등 문화 시설과 이에 접속된 정원 및 부속 시설물의 부지

나. 국토의계획및이용에관한법률 등 관계 법령에 의해 택지 조성 공사가 준공된 토지

9. 공장 용지

다음 각 목의 토지는 '공장 용지'라 한다.

가. 제조업을 하고 있는 공장 시설물의 부지

나. 산업집적활성화및공장설립에관한법률 등 관계 법령에 의해 공장 부지 조성 공사가 준공된 토지

다. 가 목 및 나 목의 토지와 같은 구역 안에 있는 의료 시설 등 부속 시설물의 부지

10. 학교 용지

학교의 교사와 이에 접속된 체육장 등 부속 시설물의 부지

11. 주차장

자동차 등의 주차에 필요한 독립적인 시설을 갖춘 부지와 주차 전용 건축물 및 이에 접속된 부속 시설물의 부지. 다만, 다음 각 호의 1에 해당하는 시설의 부지는 제외한다.

가. 주차장법 제2조 제1호 가 목 및 다 목의 규정에 의한 노상 주차장 및 부설 주차장

나. 자동차 등의 판매 목적으로 설치된 물류장 및 야외 전시장

12. 주유소 용지

다음 각 목의 토지는 '주유소 용지'라 한다. 다만, 자동차·선박·기차 등의 제작 또는 정비 공장 안에 설치된 급유·송유 시설 등의 부지는 제외한다.

가. 석유·석유 제품 또는 액화 석유 가스 등의 판매를 위하여 일정한 설비를 갖춘 시설물의 부지

나. 저유소 및 원유 저장소의 부지와 이에 접속된 부속 시설물의 부지

13. 창고 용지

물건 등을 보관 또는 저장하기 위하여 독립적으로 설치된 보관 시설물의 부지와 이에 접속된 부속 시설물의 부지

14. 도로

다음 각 목의 토지는 '도로'라 한다. 다만, 아파트·공장 등 단일 용도의 일정한 단지 안에 설치된 통로 등은 제외한다.

가. 일반 공중의 교통 운수를 위하여 보행 또는 차량 운행에 필요한 일정한 설비 또는 형태를 갖추어 이용되는 토지

나. 도로법 등 관계 법령에 의하여 도로로 개설된 토지

다. 고속도로 안의 휴게소 부지

라. 2필지 이상에 진입하는 통로로 이용되는 토지

15. 철도 용지

교통 운수를 위하여 일정한 궤도 등의 설비와 형태를 갖추어 이용되는 토지와 이에 접속된 역사·차고·발전 시설 및 공작창 등 부속 시설물의 부지

16. 제방

조수·자연 유수·모래·바람 등을 막기 위하여 설치된 방조제·방수제·방사제·방파제 등의 부지

17. 하천

자연의 유수(流水)가 있거나 있을 것으로 예상되는 토지

18. 구거

용수 또는 배수를 위하여 일정한 형태를 갖춘 인공적인 수로 · 둑 및 그 부속 시설물의 부지와 자연의 유수(流水)가 있거나 있을 것으로 예상되는 소규모 수로 부지

19. 유지

물이 고이거나 상시적으로 물을 저장하고 있는 댐 · 저수지 · 소류지 · 호수 · 연못 등의 토지와 연 · 왕골 등이 자생하는 배수가 잘되지 않는 토지

20. 양어장

육상에 인공으로 조성된 수산 생물의 번식 또는 양식을 위한 시설을 갖춘 부지와 이에 접속된 부속 시설물의 부지

21. 수도 용지

물을 정수하여 공급하기 위한 취수 · 저수 · 도수(導水) · 정수 · 송수 및 배수 시설의 부지 및 이에 접속된 부속 시설물의 부지

22. 공원

일반 공중의 보건 · 휴양 및 정서 생활에 이용하기 위한 시설을 갖춘 토지로서 국토의계획및이용에관한법률에 의하여 공원 또는 녹지로 결정 · 고시된 토지

23. 체육 용지

국민의 건강 증진 등을 위한 체육 활동에 적합한 시설과 형태를 갖춘 종합운동장 · 실내체육관 · 야구장 · 골프장 · 스키장 · 승마장 · 경륜장 등 체육 시설의 토지와 이에 접속된 부속 시설물의 부지. 다만, 체육 시설로서의 영속성과 독립성이 미흡한 정구장 · 골프연습장 · 실내수영장 및 체육도장, 유수(流水)를 이용한 요트장 및 카누장, 산림 안의 야영장 등의 토지는 제외한다.

24. 유원지

일반 공중의 위락 · 휴양 등에 적합한 시설물을 종합적으로 갖춘 수영장 · 유선장 · 낚시터 · 어린이놀이터 · 동물원 · 식물원 · 민속촌 · 경마장 등의 토지와 이에 접속된 부속 시설물의 부지. 다만, 이들 시설과의 거리 등으로 보아 독립적인 것으로 인정되는 숙식 시설 및 유기장의 부지와 하천 · 구거 또는 유지[공유(公有)의 것에 한한다]로 분류되는 것은 제외한다.

25. 종교 용지

일반 공중의 종교 의식을 위하여 예배 · 법요 · 설교 · 제사 등을 하기 위한 교회 · 사찰 · 향교 등 건축물의 부지와 이에 접속된 부속 시설물의 부지

26. 사적지

문화재로 지정된 역사적인 유적 · 고적 · 기념물 등을 보존하기 위하여 구획된 토지. 다만, 학교 용지 · 공원 · 종교 용지 등 다른 지목으로 된 토지 안에 있는 유적 · 고적 · 기념물 등을 보호하기 위하여 구획된 토지는 제외한다.

27. 묘지

사람의 시체나 유골이 매장된 토지, 도시공원법에 의해 묘지공원으로 결정 · 고시된 토지 및 장사등에관한법률 제2조 제8호의 규정에 의한 납골 시설과 이에 접속된 부속 시설물의 부지. 다만, 묘지의 관리를 위한 건축물의 부지는 '대'로 한다.

28. 잡종지

다음 각 목의 토지는 '잡종지'라 한다. 다만, 원상 회복을 조건으로 돌을 캐내는 곳 또는 흙을 파내는 곳으로 허가된 토지는 제외한다.

가. 갈대밭, 실외에 물건을 쌓아두는 곳, 돌을 캐내는 곳, 흙을 파내는 곳, 야외시장, 비행장, 공동 우물

나. 영구적 건축물 중 변전소, 송신소, 수신소, 송유 시설, 도축장, 자동차운전학원, 쓰레기 및 오물 처리장 등의 부지

다. 다른 지목에 속하지 않는 토지

21개 용도 지역과 건폐율 · 용적률 · 건축 가능한 건축물

구분	용도 지역		건폐율	용적률	건축 가능한 건축물
1	제1종 전용주거지역	주거	50% 이하	50% 이상 100% 이하	시·군 도시계획 조례에서 결정
2	제2종 전용주거지역		50% 이하	100% 이상 150% 이하	
3	제1종 일반주거지역		60% 이하	100% 이상 200% 이하	
4	제2종 일반주거지역		60% 이하	150% 이상 250% 이하	
5	제3종 일반주거지역		50% 이하	200% 이상 300% 이하	
6	준주거지역		70% 이하	200% 이상 500% 이하	
7	중심상업지역	상업	90% 이하	400% 이상 1,500% 이하	
8	일반상업지역		80% 이하	300% 이상 1,300% 이하	
9	근린상업지역		70% 이하	200% 이상 900% 이하	
10	유통상업지역		80% 이하	200% 이상 1,100% 이하	
11	전용공업지역	공업	70% 이하	150% 이상 300% 이하	
12	일반공업지역		70% 이하	200% 이상 350% 이하	
13	준공업지역		70% 이하	200% 이상 400% 이하	
14	보전녹지지역	녹지	20% 이하	50% 이상 80% 이하	
15	생산녹지지역		20% 이하	50% 이상 100% 이하	
16	자연녹지지역		20% 이하	50% 이상 100% 이하	
17	보전관리지역	관리	20% 이하	50% 이상 80% 이하	
18	생산관리지역		20% 이하	50% 이상 80% 이하	
19	계획관리지역		40% 이하	50% 이상 100% 이하	
20	농림지역	농림	20% 이하	50% 이상 80% 이하	
21	자연환경보전지역	자연 환경	20% 이하	50% 이상 80% 이하	

도면은
어떻게 보나요?

　먼저 지적도와 임야도 그리고 토지이용확인원이라는 서류가 있다. 지적도는 우리나라의 총 28개의 지목 중 임야를 제외한 모든 지목을 표시해놓은 도면이다. 이와 반대로 임야도는 오로지 임야만 표시해놓은 서류로, 지적도에서는 임야를 표시하지 않고 임야도는 27개의 지목을 표시하지 않기 때문에 지적도와 임야도만으로는 주변 상황을 모두 이해하기가 힘들다. 그래서 28개의 지목을 모두 표시하는 도면이 토지이용확인원에 있는 확인 도면이다. 그러므로 도면을 통해 주변 환경을 분석하고 토지의 특성을 파악하려 할 때는 토지이용확인원을 열람하곤 한다. 하지만 도면만 보고 쉽게 현장 상황을 유추해내기 어려우므로 확인 도면 보는 방법을 몇 가지 알아보자.

도면 보는 법 1(토지이용확인원)

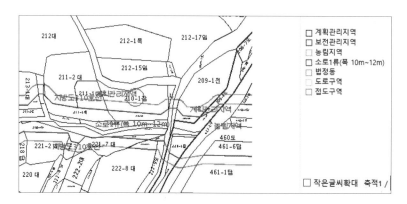

　　도면 왼쪽을 보면 그림이 있고 오른쪽에는 색깔로 구분한 네모 칸이 있다. 축적은 1,200분의 1이다. 먼저 연보라색 선은 접도 구역 이라 되어 있다. 왼쪽 도면 중간에 소로 1류라고 표시되어 있는데, 접도 구역은 도로법상 도로에 설정되므로 접도 구역이 설정되어 있는 이 도로는 도로법상 2차선 이상의 도로다. 동그라미 처진 땅 의 지목은 잡종지이므로 시설이 들어와 있을 것이라 유추할 수 있 다. 땅의 뒤편으로 임야가 있고 맞은편과 토지 오른쪽에는 대지가 있으므로, 대략적으로 현장을 예상해볼 수 있다. 이제 확실한 현장 상황을 유추해내기 위해 위성사진으로 현장을 확인한다.

도면 보는 법2 (위성사진)

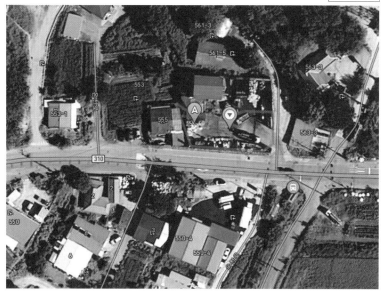

위성사진으로 확인한 결과, 2차선 도로임을 확인할 수 있다. 땅은 현재 고물상으로 사용되고 있으며, 맞은편과 오른쪽 대지에는 건물이 들어서 있다. 지목이 임야인데도 건물이 있는 것으로 보아 적법한 건물이 아님을 알 수 있다. 이렇게 도면과 위성사진을 통해 서류적인 제한 사항과 현장의 모습을 예상해야 한다.

토지거래허가구역이
뭔가요?

처음에는 토지거래허가구역에서 토지 중개를 한다는 것을 이해할 수 없었다. 외지 사람들은 이 구역의 토지를 살 수 없다고 생각했기 때문이다. 그래서 토지거래허가법을 분석하기 시작했다. 토지의 투기를 근절하기 위해 토지를 살 수 있는 사람을 실수요자로 한정한 것이 토지거래허가제로, 대표적으로 농지와 임야가 이에 속한다.

농지는 실제로 농사를 지을 수 있는 사람만 사게 한다. 경기도 시골에 있는 농지를 사는 사람이 서울 사람이라면 실수요자로 보지 않는다. 서울에 거주하는 사람이 경기도까지 오가며 농사를 짓기 어렵기 때문이다. 물론 서울에 거주하면서 경기도에서 농사를 지을 수도 있지만, 토지거래허가법에는 농사를 지을 수 있는 거리 규정이 있기 때문에 서울에 사는 사람들은 경기도의 농지를 살 수 없다. 임야도 마찬가지다. 인근에 거주하고 있지 않으면 모두 투기로 간주하고 땅을 사지 못하게 만들어놓았다.

그렇다면 이런 토지는 중개하지 못할까? 그렇지는 않다. 바로 실수요자가 되면 된다. 농지나 임야를 취득하려 할 때 농사를 짓거나 산림 경영을 하려고 토지를 취득하는 것이 아니라, 건물을 짓기 위해 토지를 취득하면 되는 것이다. 그러므로 건물을 지어서 해당 시에 세금을 납부하면 된다. 그렇지만 말로만 건물을 짓겠다고 해서는 토지를 살 수 없다. 실제로 건물을 지을 것임을 확인시켜야 하는데, 그때 필요한 것이 개발행위허가증이다. 개발행위허가 신청에 대해서는 39쪽에서 이미 설명했으니 참고하기 바란다.

나대지는 건물이 없는
땅을 말하나요?

토지 업무를 보면서 토지에 투자하는 사람들이 부지를 나대지라고 하는 경우를 많이 보는데, 나대지와 부지는 다른 말이다. 나대지는 '지목이 대지이면서 건축물이 없는 땅'을 말하고, 부지란 '지목이 전, 답, 임야이면서 개발행위허가를 득하고 토목공사를 완료한 땅'을 가리킨다. 흔히 볼 수 있는 전원주택 부지나 공장 부지 등은 지목이 전, 답, 임야이면서 개발행위허가를 주택이나 공장으로 득하고 토목공사가 완료된 땅이다. 그런데 부지는 대지가 아니므로, 건물을 다 지은 후 토목 준공을 받아야 한다. 대지는 이미 개발행위허가 준공을 득하고 공시지가 또한 대지를 기준으로 평가되는 땅이다. 하지만 부지는 개발행위허가만 득하였기 때문에 건물을 지은 후 따로 토목 준공을 득해야 하고, 공시지가 또한 전, 답, 임야를 기준으로 책정된다.

건물을 짓는다는 것이
형질 변경을 뜻하나요?

　건물을 지은 후 "토지를 형질 변경해서 대지로 만들었다"고 자주 이야기하는데, 엄격히 말해서 틀린 말이다. 형질 변경은 법적으로 5가지가 있다. 성토와 절토, 정지, 포장의 방법으로 토지의 모양과 상태를 변경하는 행위와 공유 수면을 매립하는 것이 이에 해당된다. 즉, 건물을 지은 것은 형질 변경과는 구별되어야 한다.

　그렇다면 형질 변경으로 지목이 변경될까? 그렇지 않다. 임야를 개간하여 농지로 이용하더라도 지목이 바뀌는 것은 아니라는 뜻이다. 또한 건물을 짓기 위해 답을 성토하더라도 지목이 변경되지는 않는다.

성토 흙을 쌓음

절토 땅깎기

정지 땅을 반반하고 고르게 만듦

포장
길바닥에 돌과 모래를 깔고 그 위를 시멘트나 아스팔트로 덮어서 단단하게
다져 꾸미는 것

공유수면 매립
공공의 이익을 위한 바다, 강, 하천 따위의 수면을 돌이나 흙으로 채움

임야인데 왜
'산' 자가 없나요?

　어떤 땅은 산 ×번지라고 표기되고, 어떤 땅은 ×임이라고 표기되는 경우가 있다. 둘 다 임야라는 뜻인데, 왜 다르게 표기될까?

　임야인데도 왜 '산' 자가 없는지 알아보기 위해 ×임이 무엇을 의미하는지 찾아보았다. ×임은 토임, 즉 토지 임야의 줄임말로 산인데도 지적도에서 관리하는 임야를 가리켜 토임이라고 부른다. 면적, 경사도, 위치, 주변 환경의 이유로 산림으로 유지하고 관리하는 것이 실효성이 떨어지는 임야로, 임야지만 농지로 사용되거나 약간의 구릉지 형태인 경우가 많다.

　이런 곳은 토지를 매입하여 적은 비용으로 부지를 조성할 수 있다. 또한 토임은 지목이 임야이기 때문에 대체산림자원조성비를 납부한다. 그래서 농지보다 상대적으로 국고세금이 저렴하기 때문에 토임은 개발업자들이 아주 선호하는 토지다.

산을 개발행위허가를 득하여 토목공사를 하기 전에 경계를 측량하려 하면 등록전환을 먼저 하게 되는데, 등록전환 측량을 하면 '산' 자는 사라지고 번지 뒤에 '임'이라는 글자가 붙으면서 토임으로 바뀐다. 6,000분의 1 임야도에 그려진 산을 1,200분의 1 지적도로 옮겨 그리는 일이라 생각하면 될 것이다. 그 과정에서 토지의 면적이 늘거나 줄어드는데, 보통 면적이 줄어드는 것이 일반적이다. 그렇기 때문에 산 번지를 매입할 때는 추후 등록전환 측량 시 면적에 가감이 생기면 그에 따른 토지의 가격도 조정하기로 한다는 특약사항을 꼭 추가해야 하며, 평당 가격을 꼭 명시해야 한다. 등록전환 측량으로 면적이 줄어들면 토지의 매매 금액을 조정해야 하기 때문이다. 그러나 이미 등록전환이 이루어진 임야는 면적에 가감이 생기지 않는다.

토임
토임이란 토지 임야의 약자로서 지목상으로는 여전히 임야다. 지적도상 임야이지만, 분명한 경계와 지적도상 도로를 확인하기 위해 그 부분의 임야도를 다시 확대하여 그 축적을 크게 한 지적도를 그려놓는다. 통상의 3,000분의 1 또는 6,000분의 1 임야도에서는 대상 토지가 너무 작게 그려져 있어 그 경계와 도로를 확인하기 어렵기 때문이다. 통상 경사도가 낮은 평평한 지반 상태의 1,000평 미만 소규모 임야에 적용된다.

등록전환
관계 법령에 의한 토지의 형질 변경 · 건축물의 준공 등으로 인해 지목이 변경되어야 할 토지를 임야대장 및 임야도에서 토지대장 및 지적도로 옮겨 등록하는 것을 말한다. 등록전환을 신청하기 위해서는 토지의 형질 변경 등의 공사가 준공되었음을 증명하는 서류의 사본을 첨부해 60일 이내에 지적 소관청에 등록전환을 신청해야 한다.

등록전환을 신청할 수 있는 토지는 산지관리법, 건축법 등 관계 법령에 따른 토지의 형질 변경 또는 건축물의 사용 승인 등으로 인하여 지목을 변경해야 할 토지다. 다만, 다음의 어느 하나에 해당하는 경우에는 지목 변경 없이 등록전환을 신청할 수 있다.

① 대부분의 토지가 등록전환되어 나머지 토지를 임야도에 계속 존치하는 것이 불합리한 경우

② 임야도에 등록된 토지가 사실상 형질 변경되었으나 지목 변경을 할 수 없는 경우

③ 도시 관리 계획선에 따라 토지를 분할하는 경우. 토지 소유자가 등록전환을 신청할 때에는 등록전환 사유를 적은 신청서에 국토해양부령으로 정하는 서류를 첨부하여 지적 소관청에 제출해야 한다. 근거 법은 측량·수로조사및지적에관한법률이다.

토지이용확인원은
무엇을 확인하기 위한 서류인가요?

    토지 투자를 할 때 가장 많이 보는 서류가 토지이용확인원이다. 토지이용확인원을 분석하는 것이 토지 투자의 시작이자 마지막이라고 얘기할 정도이므로, 이 서류를 통해 무엇을 알 수 있을지 정확히 이해해야 할 것이다.

    토지는 건물을 짓기 위한 상품이기 때문에 모든 토지는 어떠한 건물을 얼마만큼 지을 수 있는지 표시해둔다. 그것을 확인할 수 있는 서류가 토지이용확인원이다. 토지이용확인원에는 지목이 제일 먼저 나오므로 어떤 용도로 쓰이는지 알 수 있다. 이 지목에 따라 개발행위허가의 대상이 되면 개발행위허가에 따른 국고세금의 종류가 정해진다. 다음으로 면적이 나오는데, 토지의 규모를 ㎡로 표시하고 있기 때문에 평으로 환산하여 토지의 규모를 가늠할 수 있다. 그리고 개별 공시지가가 나온다. 공시지가는 토지의 시세를 정하는 기준이 아니라 세금을 부과하기 위해 정해놓은 금액이다.

그다음으로 확인 도면을 보아야 한다. 건물을 지을 수 있는 토지인지 아닌지 구분하고, 확인 도면을 통해 도로와 배수로가 존재하는지, 도로의 폭은 어떤지 확인한다. 이렇게 확인 도면을 통해 건물을 지을 수 있는 토지라고 판단되면, 토지이용확인원의 핵심인 제한 사항을 보아야 한다. 제한 사항을 통해 어떤 건물이 어떠한 규모로 들어올 수 있을지 판단할 수 있기 때문이다.

국토의계획및이용에관한법률에 의한 용도 지역, 용도 지구, 용도 구역 등은 우리나라 국토를 용도에 따라 구분하고 주변 환경 등을 파악하여 체계적인 개발을 유도하기 위한 것이다. 그래서 용도 지역별 건폐율과 용적률로 얼마만큼의 건물을 지을 수 있는지 표시하고, 지을 수 있는 건축물과 지을 수 없는 건축물을 구분해놓아 체계적으로 개발하게 한다. 그리고 다른 법령에 의한 지역, 지구 등으로 건물의 신축을 제한하기도 한다. 상수원 보호 구역이나 군사 기지가 근처에 있는 등 토지의 위치가 특별한 상황일 수 있기 때문이다.

이렇듯 토지이용확인원이라는 서류는 건물을 지을 수 있는지를 판단하고 어떠한 건물을 얼마만큼 지을 수 있는지 표시해놓은 것이다.

토지이용확인원 예시

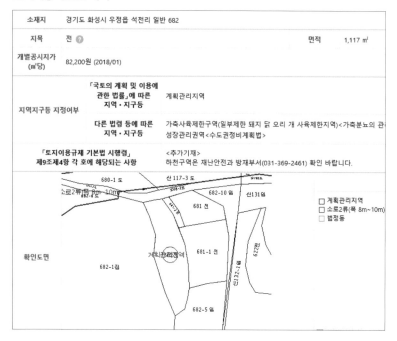

소재지	경기도 화성시 우정읍 석천리 일반 682		
지목	전 ❓	면적	1,117 ㎡
개별공시지가 (㎡당)	82,200원 (2018/01)		
지역지구등 지정여부	「국토의 계획 및 이용에 관한 법률」에 따른 지역・지구등	계획관리지역	
	다른 법령 등에 따른 지역・지구등	가축사육제한구역(일부제한 돼지 닭 오리 개 사육제한지역)<가축분뇨의 관리 성장관리권역<수도권정비계획법>	
「토지이용규제 기본법 시행령」 제9조제4항 각 호에 해당되는 사항	<추가기재> 하천구역은 재난안전과 방재부서(031-369-2461) 확인 바랍니다.		

앞의 토지이용확인원을 분석해보자. 먼저 지목이 전이기에 개발 행위허가를 득할 시 농지전용허가 및 개발행위허가를 득해야 한다. 면적은 1,117㎡로 약 338평이고, 공시지가는 ㎡당 82,200원이다. 국고세금으로 농지보전분담금이라는 세금을 납부해야 하며, 이는 평당 공시지가의 30%에 해당한다. 따라서 개발행위허가를 득할 시 세금으로 납부해야 하는 금액이 대략 2,700만 원 정도일 것으로 보인다.

이제 확인 도면으로 건물을 지을 수 있는지 판단해야 한다. 도면 상으로 볼 때 소로 2류 폭 8~10m인 도로에 접해 있는데, 법적 배수로는 보이지 않으므로 현장에서 배수로의 유무를 확인해야 한다.

현장에 배수로로 쓰일 수 있는 현황 배수로가 있다고 하면 어떤 건물을 얼마만큼 지을 수 있을지 보자. 이곳은 법률상 계획관리지역에 해당된다. 계획관리지역은 토지이용확인원에 지을 수 없는 건축물이 열거되어 있다. 서류에 적혀 있는 건물을 제외하고는 지을 수 있으므로 토지의 가치는 높게 평가할 수 있을 것으로 보인다. 계획관리지역의 건폐율은 40%이기 때문에 관리 지역 중에서는 가장 높은 편이다. 그러므로 여러 가지 건축물이 가능하면서도 가장 많은 건물을 지을 수 있는 지역으로, 가장 좋은 위치에 있다고 말할 수 있다.

그렇다면 다른 법령에 따른 지역, 지구를 살펴보자. 가축분뇨의관리및이용에관한법률에 따라 일부 가축을 사육할 수 없다는 제한이 있고, 수도권정비계획법상 성장관리권역에 해당되어 개발을 장려하고 있는 동네다.

결론적으로, 이 토지는 건물을 지을 수 있을 뿐 아니라 여러 가지 종류의 건물을 많이 지을 수 있을 것이라고 판단되며, 2차선 도로변에 위치하고 있기에 가치가 높은 것으로 보인다. 다만 토지의 모양이 길쭉해서 건물의 모양을 고려해야 할 것이다.

돈을 벌기 위해서는
어떤 땅을 사야 하나요?

　돈을 벌기 위해서는 어떤 땅을 사야 하는지 물어보는 경우가 많다. 그러면 개발할 수 있는 땅을 사지 말고 개발이 쉬운 땅을 사라고 대답한다. 토지의 규모에 따라 개발이 어려워질 수도 있으며, 땅의 위치나 조건에 따라 개발 비용이 높아질 수도 있기 때문이다.

　예를 들어 2,990㎡의 땅과 3,010㎡의 땅이 있는데 같은 금액에 매도로 나왔다면 과연 어떤 토지를 매입할 것인가? 대개는 1평이라도 큰 땅을 선택할 것이다. 그런데 겨우 20㎡ 차이지만, 이 차이로 2,990㎡인 땅은 1달 반 만에 허가를 득할 수도 있고, 3,010㎡인 땅은 도시계획심의를 거쳐야 하기 때문에 허가 기간이 최장 6개월이 넘게 걸리거나 허가를 득하지 못할 수도 있다. 그러면 전자는 개발이 매우 쉬울 것이고, 후자는 개발이 매우 어려울 것이다. 이렇게 토지는 면적 및 위치나 주변 상황에 따라 개발이 무척 어려워질 수도 있다. 또한 개발을 하더라도 개발하는 데 비용이 많이 들어 수익이 적어질 수도 있다.

2차선 도로변에 두 종류 땅이 나왔다고 가정하자. 하나는 접도 구역이 설정되어 있는 도로법상의 도로이고, 하나는 접도 구역이 없는 시에서 관리하는 시도다. 도로변에는 사고를 방지하기 위한 가·감속 차선이 있는데, 차선을 하나 더 만들어 속도를 줄이거나 천천히 올리게 하여 사고를 줄이려는 시설이다. 이 시설은 건물을 지으려 하는 토지의 소유자가 부담하여 공사해야 하므로 가·감속 차선 공사 여부에 따라 개발 비용이 산정된다. 이 시설은 도로법에 의한 것이므로, 도로법상의 도로일 때만 가·감속 차선이 필요하다. 따라서 2차선이라도 시에서 관리하는 시도라면 가·감속 차선 공사가 필요 없다. 이는 적은 비용으로 부지를 조성하려는 투자자에게는 매우 좋은 조건이다.

이렇게 더 쉽게, 적은 비용으로 토지를 개발하는 기술을 알아야 한다. 이 기술을 알아야 적은 돈으로 토지에 투자하는 방법을 알게 되는 것이다.

적은 비용으로 땅을
개발하기 위해 알아야 할 것들

적은 비용으로 토지를 개발하기 위해서는 구체적으로 어떠한 것을 알고 있어야 할까? 일단 개발행위허가가 무엇인지 정확히 알아야 한다. 그리고 허가를 득하면 무엇을 할 수 있고 어떠한 제한이 생기는지도 알아야 할 것이다. 또한 가공 절차, 즉 토목공사에 대해서도 숙지해야 한다. 한편 많은 비용을 들여 토지를 개발할 생각이 없다면 개발행위허가를 득할 때나 토목공사를 진행할 때 비용을 줄일 수 있는 방법을 익혀야 한다. 마지막으로 토지의 세금에 대해 알아야 할 것이다. 토지를 매도하면 그에 따른 양도소득세를 납부해야 하므로 토지 투자에서는 기본이 되는 사항이다. 토지를 매입할 때부터 세금을 예상할 수 있다면 어떠한 방식으로 어떠한 토지를 매입해야 할지 판단하는 데 도움이 되므로, 세금을 정확히 이해하는 것이 토지 투자에 있어서는 중요하다. 그리고 이를 바탕으로 사업계획서를 작성해야 한다.

다음 장부터는 개발행위허가가 무엇이고 토목공사가 무엇인지, 또한 토지 관련 세금에는 어떤 것이 있는지 알아볼 것이다. 그리고 여러 가지의 토지를 골라 사업성을 분석하고 토지이용확인원을 분석하는 사례를 살펴보고, 이를 통해 진짜 돈 되는 토지 투자가 무엇인지 설명하려 한다.

토지이용확인원의 열람 방법

토지이용규제정보서비스(http://luris.molit.go.kr)에 접속하여 '토지이용계획'이라는 메뉴를 클릭한 후 주소를 입력하면, 해당 토지의 토지이용계획을 확인할 수 있다. 개별 필지별로 해당 토지에 대한 용도 지역, 용도 지구, 용도 구역, 도시 계획 시설, 도시 계획 사업과 입안 내용, 각종 규제의 저촉 여부를 확인하고, 도시 계획선이 표시되어서 개별 토지에 대한 규제 사항과 토지 이용 계획에 관련된 사항을 확인할 수 있다.

그 외에도 토지이용계획확인서도 토지이용확인원과 마찬가지 내용을 담고 있지만, 지자체장이 날인한 서식으로, 관련 법령이 자세히 나열되어 있다. 정부24(www.gov.kr)에 접속하여 '민원서비스' 메뉴를 클릭하고 들어가면 발급 받을 수 있으며, 수수료가 부과된다.

진짜 돈 되는 토지 투자 노하우

4

내가 배운
토지 개발
1부

개발행위허가

개발행위허가의
조건 및 지목별 세금

　토지에 건물을 짓기 위해서는 개발행위허가를 득해야 한다. 개발하기 위해 시로부터 허락을 받는 것이라 생각하면 간단한데, 개발하면 토지의 가치가 높아지므로 토지에 건물을 지으면 나라에서는 세금을 걷는다. 세금의 이름과 납부세액은 앞에서 임야와 농지를 비교할 때 잠시 설명한 것처럼 토지의 지목과 공시지가에 따라 달라진다. 다시 말해, 농지에 대한 세금과 임야에 대한 세금이 다르다는 뜻이다.

　전, 답, 과수원 등을 가리켜 농지라고 하는데, 농지를 개발할 때에는 농지보전분담금이라는 세금을 납부한다. 그리고 지목이 임야일 때는 대체산림자원조성비라는 세금을 납부한다. 우리나라 산지는 보전산지, 준보전산지, 산지전용일시제한지역으로 구분되며, 매년 산림청장이 고시하는 금액을 평수에 곱하여 납부해야 한다.

2016년도부터는 대체산림자원조성비에 공시지가의 1%에 해당하는 금액을 반영하도록 했는데, 비싼 임야는 세금을 더 납부하게 하는 것이다. 이런 식으로, 개발행위허가를 신청하게 되면 각 지목별로 공시지가의 금액에 비례하여 각기 다른 세금을 납부해야 한다.

어느 토지든 신청한다고 무조건 개발행위허가가 나는 것은 아니다. 개발행위허가는 건물을 짓겠다고 신청하는 것이므로, 건물을 짓고 사람들이 이용하기 위해서는 자동차와 사람이 다니는 길이 있어야 한다. 그렇기에 건축법에서는 자동차와 사람이 다니는 길이 있어야 건물을 지을 수 있게끔 하고, 도로의 폭도 제한한다. 도로는 자동차와 사람이 다니는 폭 4m 이상의 길이어야 하고, 이를 건축법상 도로라고 부른다.

이 밖에도 배수로가 있어야 한다. 건물은 사람이 사용하는 것을 전제로 하기 때문에 사람들이 사용하기 위해서는 화장실이 필수적이다. 그러면 화장실 물을 배출하는 배수로가 필요하다. 도심지에는 배수 시설이 잘 갖추어져 있어서 어떤 토지든 도로만 있으면 건물을 지을 수 있지만, 시골 지역은 그렇지 않은 경우가 많다. 어느 곳은 배수 시설이 아예 없는 지역도 있기 때문에 건물을 지을 수 없는 동네도 있다. 따라서 토지 주변에 지적상 구거 부지가 없거나 현장에 물길이 나 있지 않으면 개발행위허가가 나지 않는다. 또한 화장실 물을 배출할 수 없는 용수로도 있다. 논농사를 짓는 토지에는 물을 대주어야 하는데, 이를 위해 인근 저수지로부터 물을 공급하는 수로를 용수로라고 한다. 농사를 짓기 위한 물이기 때문에 화장실 물은 쓰지 않는다. 그러므로 물길이 있다고 해도 모두 배수로로의 역할을 할 수는 없다.

농지보전부담금

한정된 자원인 농지를 보전·관리 및 조성하는 데 필요한 재원을 확보하기 위하여 농지를 다른 용도로 전용하는 자에게 부과하는 원인자 부담 성격의 경제적 부담을 말한다(농지법 제38조).

농지 전용 사업자에 대해 국민 식량의 공급 기반인 농지의 대체 조성 비용으로 부과한 농지조성비(1975년)와 농지 전용으로 발생하는 개발 이익을 환수하여 농어촌 구조 개선 사업 재원으로 활용하기 위해 부과한 농지전용부담금(1992년)이 2002년 농지보전부담금으로 통합되었다.

징수한 부담금은 간척 등 농지 조성, 해외 농업 개발, 영농 규모 확대 및 농지 유동화 지원, 고령 농업인에 지원하는 농지 연금 등의 재원으로 활용된다.

부담금의 부과 기준은 전용 당시의 해당 농지의 제곱미터당 개별 공시지가의 100분의 30으로 하되, 그 금액이 제곱미터당 5만 원을 초과하는 경우에는 5만 원을 상한으로 부과한다.

도로·철도 등 공공 시설, 산업 단지 등 중요 산업 시설, 농어업용 시설을 설치하는 경우에는 부담금이 감면된다.

2018년도 대체산림자원조성비 부과 기준

산지관리법 제19조 제6항, 제9항 및 같은 법 시행령 제24조 제4항에 의하여 다음과 같이 고시한다.

o 대체산림자원조성비 부과 금액 계산법
대체산림자원조성비 부과 금액＝산지 전용, 일시 사용 허가 면적×(단위 면적당 금액＋해당 산지의 개별 공시지가의 1,000분의 10)

o 단위 면적당 금액

 – 준보전산지 : 4,480원/㎡

 – 보전산지 : 5,820원/㎡

 – 산지전용제한지역 : 8,960원/㎡

o 개별 공시지가 일부 반영 비율 : 개별 공시지가의 1,000분의 10

※ 개별 공시지가 반영 최고액은 단위 면적당 금액 4,480원/㎡으로 한정

개발행위허가를 받으면
반드시 건물을 지어야 하나요?

　나는 개발행위허가를 득하여 토지를 매입해서 건물을 짓지 않고 매도하는 경우가 많다. 건물을 지을 수 있게 부지를 조성하여 매도하는 것이다. 이렇듯 토지 매입 과정에서 개발행위허가를 득하게 되면 지목이 전, 답, 임야라도 개발행위허가를 득한 토지는 인근 대지를 기준으로 감정하기 때문에 대출을 이용하여 토지 매입을 할 수 있다. 그러므로 적은 현금으로도 토지를 매수 가능하다. 또한 부지 조성을 위한 토목공사를 할 수 있기 때문에 매수자가 좋아할 만한 토지로 가공을 할 수 있다. 이처럼 개발행위허가는 건물을 짓겠다는 허가이지만, 허가를 받은 당사자가 꼭 건물을 짓고 매도해야 할 이유는 없다.

　그렇다면 개발행위허가를 득한 토지는 어떤 절차를 통해 매도해야 할까? 토지를 계약하면 계약금을 지불하고, 계약금을 지급받은 매도인은 토지를 매수하는 매수자에게 개발행위허가의 권리를 승계해주면 된다. 이것이 양도양수확인서라는 서류다. 즉, 매도인이 가지고 있는 허가에 대한 지위를 매수인에게 넘겨주는 것이다.

또한 개발행위허가를 득할 시에는 어떤 시설을 지을 것인지 정해야 하는데, 어떤 건물을 지을 것이냐에 따라 개발행위허가의 이름이 달라진다. 예를 들어 전원주택허가는 전원주택을 짓겠다고 신고한 것이고, 공장허가는 공장을 짓겠다고 허가를 득한 것이다. 하지만 개발행위허가에 대한 지위는 토지의 매도를 통해 매수인에게 승계되므로, 처음 개발행위허가를 득한 사람이 주택을 짓겠다고 신고했더라도 지위를 승계받은 사람이 공장을 지으려 한다면 개발행위허가의 내용을 바꾸면 된다. 이를 개발행위허가 업종 변경이라 한다. 업종 변경은 새롭게 개발행위허가를 신청하는 것이므로, 기존에 허가를 득한 만큼의 시간이 걸린다. 또한 업종 변경이 될 수 있는지 허가 조건을 다시 한 번 따지게 된다.

이렇듯 개발행위허가는 명의 변경과 업종 변경이 가능하므로 이를 잘 이용하기만 한다면 최소한의 현금으로 최대의 효과를 누릴 수 있다.

개발행위허가에 따른 지위승계서

제   목 : 개발행위허가에 따른 지위승계서

토 지 위 치 :

허 가 자 :

허 가 목 적 :   부지 조성

지위승계면적: ㎡

상기 토지에 대하여 양도인   씨가   부지조성목적으로 개발행위
허가를 득하였으나 양도·양수로 인해 개발행위허가에 관련된 각종세금(공채, 면허세,
농지보전부담금 등)에 관한 모든 권한 및 의무(승인조건)를 양수인   씨에게
위임(승계)하여 본 허가에 대한 지위승계를 체결합니다.

20   년   월   일

*첨부서류: 양도인 인감증명서 1부.

*양도인 주   소:

       주민등록번호:

       성   명: (인)

*양수인 성   명:

소유권과 허가권은
다른 건가요?

　대형 평수의 물건을 분석하다 보면 소유자는 A인데 개발행위허가는 B의 이름으로 되어 있는 경우가 많다. 또 한 필지에 개발행위허가가 여러 건인데다 허가자 또한 모두 다른 경우도 있다. 이렇듯 토지와 건물의 소유자는 다를 수 있다. 다시 말해, 소유자와 허가자는 다를 수 있다는 것이다. 소유자는 토지의 소유권자이지만 토지를 개발하지 않은 것이고, 개발을 한 사람은 소유자가 아닌 허가권자가 된다.

　개발업등록은 토지를 개발하려 하는 사람이 일정한 자격을 가지고 있어야 한다는 것을 뜻한다. 최초 인·허가 면적이 5,000㎡ 이상일 경우, 개발행위허가를 득하려 한다면 도에서 발급하는 개발업등록증을 시에 제출해야 한다. 이렇듯 일정 면적 이상을 개발하려면 자격 조건을 갖추어야 한다. 그렇다면 개발업등록증이 없으면 개발을 할 수 없을까? 이때 앞에서 말한 소유권과 허가권은 별개라는 사실을 적용하면 된다. 8,000㎡ 규모의 토지를 개발하고 싶다면 개발업등록증이 필요하지만, 토지 소유주의 토지사용승낙을 받아 4,000㎡로 나눠 2명이 2개의 허가를 각각 득하면 된다. 이는 개발업등록증이 없는 개발업자들이 이용하는 방법으로, 적은 비용으로 개발할 수 있는 방법이기도 하다.

부동산개발업 시행 면허 등록 대상

건물(연면적)	주상복합 (비주거용 연면적)	토지
3,000㎡ (연간 5,000㎡) 이상	3,000㎡(연간 5,000㎡) 이상이고 비주거용 비율이 30% 이상인 경우에 한정	5,000㎡(연간 1만㎡) 이상

개발행위허가는
취소할 수 있나요?

    법인의 직원으로 일하고 있을 무렵, 개발행위허가를 취소하면 세금을 돌려주는지 물어보는 손님이 있었다. 한 번도 해본 적이 없어서 모를 때였다. 상식적으로 생각해보면, 건물을 짓겠다고 개발행위허가를 얻었지만 건물을 지을 수 없는 상황이 생겨서 허가를 취소할 수도 있는 일이었다. 그렇지만 이미 낸 세금을 돌려줄지는 알지 못해 시에 문의했다.

    개발행위허가를 취소할 수 있는지조차도 모르는 사람들이 많은데, 허가를 취소하면 허가를 득할 때 납부했던 농지보전분담금은 돌려받는다. 그러나 개발행위허가를 득하고 토목공사를 한 경우에는 얘기가 다르다. 이미 형질을 변경했기 때문에 개발행위허가는 취소할 수 없는 게 원칙이다. 만약 취소하고 싶다면 토목공사 이전 상태로 돌려야 한다.

허가를 신청하려면
원형지 상태여야 하나요?

건물을 짓고 이용하려는 사람은 원칙적으로 개발행위허가를 득해서 건물을 짓고 지목을 대지로 변경해야 한다. 하지만 실제로는 허가를 득하지 않고 마당을 포장하거나 컨테이너 등을 놓아 사용하고, 토지의 지목도 농지로 그대로 두는 경우가 많다. 문제는 이러한 토지를 개발업자가 개발행위허가를 득하면서 많은 대출을 이용해 적은 현금 비용으로 매입하려고 할 때 발생한다. 개발업자는 계약금을 지불하고 매도인의 토지사용승낙서를 받아 매수자 이름으로 개발행위허가를 득하려 하지만, 이 경우에 토지를 농지 상태로 원상 복구하지 않으면 개발행위허가를 득할 수 없기 때문이다. 원칙적으로는 개발행위허가를 득해서 부지 조성을 해야 하지만, 허가를 득하지 않고 불법 전용이 이루어졌기 때문에 정상적인 개발행위허가를 득하기 위해서는 원상 복구가 필요하다.

개발행위허가의 절차

개발행위를 하려면 개발에 따른 기반 시설의 설치, 용지의 확보, 위해 방지, 환경오염 방지, 경관·조경 등에 관한 계획서와 토지 소유권 혹은 사용권 등 개발행위를 할 수 있음을 증명하는 서류, 배치도 등 공사 또는 사업 관련 도서, 설계도서, 건축물의 용도 및 규모를 기재한 서류, 개발행위의 시행으로 폐지되거나 대체되거나 새롭게 설치할 시설의 종류, 세목, 소유자 등의 조서 및 도면, 예산 내역서를 첨부하여 해당 구청장에게 제출해야 한다. 개발행위 허가신청서를 접수한 해당 시장·군수 또는 구청장은 관련 부서 및 관계 기관과 협의하고, 도시계획 사업 시행에 지장을 주는지 확인한다. 특별한 사유가 없다면 15일 안에 허가 또는 불허가 처분을 내리고, 허가증을 교부하거나 불허가 사유를 서면으로 통지한다. 필요한 경우에는 조건부로 허가할 수 있고, 조건을 붙일 때는 미리 개발행위 신청자의 의견을 청취한다. 개발행위허가를 받고 개발행위가 완료되면 준공 사진, 지적측량성과도, 관련 인·허가 등의 협의에 필요한 서류를 첨부하여 준공 검사를 받는다. 허가 내용대로 완료되었다면 개발행위준공검사필증을 교부한다.

진짜 돈 되는 토지 투자 노하우

5

내가 배운

토지 개발

2부

토목공사

보기 좋은 떡이
먹기도 좋다

땅을 사고 싶어 하는 사람들에게 도로변에 있는 평당 100만 원 짜리 농지를 보여주면, 아무것도 없는 농지인데 너무 비싸다고 느낀다. 그러나 똑같이 지목이 전인 땅이라도 토목공사를 해놓은 부지라면 평당 120만 원이라도 금방 계약한다. 매도로 나온 전을 부지로 조성하기만 해도 개발 비용까지 덧붙여서 팔 수 있는 것이다. 이렇듯 안 팔리던 땅을 개발해서 부지로 만들어놓으면 이득을 보면서 쉽게 매도할 수 있다.

이렇듯, 원형지를 매입해서 그 상태 그대로 이득을 남기고 빨리 매도하기는 힘들다. 그래서 나는 토목공사를 하여 땅을 가공하기 시작한 것이다. 그런데 어떻게 땅을 가공해야 하는지 잘 알지 못하는 사람이 많다. 그러므로 5장에서는 토지를 매입해서 개발행위허가를 득하고 토목공사를 하여 부지를 조성하는 방법을 설명하려

한다. 땅을 잘 팔기 위해서는 얼마만큼 공사해야 할까? 그리고 공사 비용을 줄일 수 있는 방법은 무엇이 있을지 함께 생각해보자.

원형지일 때

토목공사 후

부지를 어떻게
조성하나요?

먼저 토지를 공사하기 위해서는 개발행위허가를 득해야 한다. 그러나 개발행위허가는 토목공사만을 할 수 있는 허가로, 개발행위허가를 득했다고 해서 무턱대고 건축해서는 안 된다. 건축을 하기 위해서는 건축허가를 따로 받아야 한다.

개발행위허가를 득하면 토지이용계획 도면은 개발행위허가를 의뢰했던 토목 설계 사무실에서 보관하며, 도면을 통해 부지 조성을 어떻게 할 것인지 파악해야 한다. 토목공사를 어떻게 할 것인지를 판단하고 나면 공사업자를 선택하여 부지를 조성한다. 하지만 공사업자를 어떻게 만나야 하는지 모르는 경우가 많다. 물론 토지를 오랫동안 개발해온 사람들은 인맥이 형성되어 있겠지만, 처음 개발하는 사람들은 쉽게 공사업자를 선정하지 못할 것이다. 그런 경우에는 토목 사무실로부터 소개를 받으면 된다. 토목공사를 진행하는 공사업자를 많이 알 뿐더러 어느 업체가 공사를 잘하는지 알고 있으니 경쟁력 있는 공사업체를 소개해줄 것이다.

그러므로 부지를 조성해본 적이 없는 토지 투자자라도 토지를 매입해서 개발행위허가를 득하면, 토목 사무실로부터 공사업체를 소개받아 토목공사를 진행하여 부지로 만들 수 있다.

토지이용계획 도면(공사 도면)

매도를 위한 토목공사는 성·절토, 구조물 공사다

토지 개발업자가 하는 토목공사는 건물을 짓기 위한 공사가 아니라는 것을 명심해야 한다. 토지 개발업자는 토지를 높은 가격으로 빨리 매도하려는 토지 투자자일 뿐이지, 건물을 지어서 실제로 이용하는 최종 소비자가 아니라는 말이다. 토목 준공은 건물을 어느 정도 짓고 난 다음에 받게 되며, 공사를 도면대로 전부 마친 게 아니라서 토지를 매도하면서 그 금액만큼 싸게 내놓을 수 있다. 즉, 도면대로 토목공사를 진행할 필요는 없으며 매도하기 위한 토목공사만 하면 된다.

그렇기에 지하수 개발이나 전기를 끌어오는 일 등은 할 필요가 없으며, 성·절토 및 구조물 공사만 하면 된다. 성토는 흙을 쌓는 것이고, 절토는 흙을 깎는 것이다. 농지에 해당하는 답의 경우는 성토를 하게 될 것이고, 지목이 임야인 토지는 절토를 하게 될 것이다. 이렇듯 성·절토는 건물의 바닥 위치를 판단하여 행하는 공사다. 성·절토를 하면 구릉이 생기게 되는데, 흙을 쌓거나 땅을 깎아서 생긴 비탈진 면을 가리켜 법면이라고 한다. 그리고 법면을 방지하기 위해 담장을 쌓는 일을 구조물 공사라 한다. 콘크리트로 된 담장을 치면 옹벽 시공이고, 벽돌로 된 담장을 치면 보강토 시공이다. 매도를 하기 위한 토목공사는 성·절토 및 구조물 공사까지를 애기하는 것을 잊지 말자.

개발의 절차

토지 매입 → 개발행위허가 받기 → 토목공사 → 건축 신고 및 건축 허가 →
건축 공사 → 토목준공 → 건축물 준공

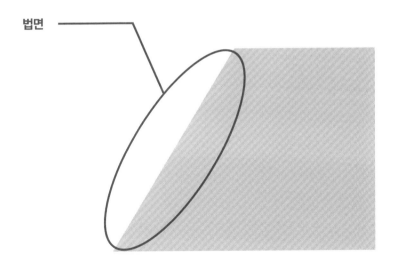

법면

옹벽 시공 사례

보강토 시공 사례

공사 시기에 따라 토목공사
비용이 다른가요?

공사의 견적이 달라지는 이유 중 하나는 성·절토량에 따른 비용이 달라지기 때문이다. 예를 들어 농지를 부지로 조성하려면 성토하는 흙이 필요한데, 주변에 임야가 개발되고 있는지 먼저 파악해야 한다. 개발되는 임야에서 흙을 받아 오기 때문이다. 그 시점에 주변에서 임야가 개발되고 있지 않다면 임야가 개발되고 있는 곳을 찾아야 하는 것이다. 그런데 개발되는 임야가 상당히 먼 거리에 위치해 있다면 흙을 운반하는 비용이 비싸지기 때문에 공사 비용이 올라갈 수밖에 없다.

한편 토지가 임야일 때는 절토 공사가 필요한데, 절토하면 흙을 버릴 곳이 있어야 한다. 대개는 농지에 버리는데, 농사를 한창 짓는 농사철에는 흙을 받으려고 하는 농지가 많지 않다. 그러나 겨울철에는 흙을 받아 논을 밭으로 만들려고 하는 사람이 많다. 그러므로 절토 공사를 여름철에 하면 흙을 버리기가 힘들고, 겨울철에는 상대적으로 수월하다. 이렇게 공사 시기에 따라 비용이 달라지므로, 공사할 당시의 상황에 따라 견적을 받아서 공사를 해야 한다.

성·절토 구간이 있는 토지의 견적을 미리 받아서 저렴한 비용을 예상해도 6개월이나 지나서 공사를 하게 되면 공사 비용에 변동이 생긴다. 그러므로 성·절토 과정이 있는 사업계획서를 작성할 때는 이를 잘 고려해야 할 것이다.

앞사바리란?

　예전에 어느 시골의 규모가 작은 농지를 매입하게 되었는데, 농지가 도로보다 2m 아래에 있었기 때문에 성토 공사가 필요한 상황이었다. 그래서 공사업자를 만나 견적을 물었다. 업자는 도로 폭을 보아 앞사바리가 들어올 수 있고 직선 구간이니, 공사비가 높지 않을 것이라고 했다.

　먼저 트럭은 트럭과 덤프트럭으로 나뉘는데, 트럭은 뒤가 들리지 않는 일반 화물차이고 덤프트럭은 흙 운반용 차이기 때문에 뒤가 들린다. 흙 운반용 차는 규모에 따라 실을 수 있는 흙의 양이 달라진다. 흙을 많이 실을 수 있으면 한 번에 흙을 옮길 수 있는 양이 많아지므로 공사비가 줄어든다. 15톤 덤프트럭은 8~10㎥ 정도의 흙을 실을 수 있는데, 이런 트럭은 앞사바리보다 규모가 작아서 시골 마을 길도 다닐 수 있다. 앞사바리는 규모가 큰 덤프트럭을 가리키는데, 앞바퀴가 4개라서 그렇게 부른다고 한다. 흙을 적재할 수 있는 양은 많지만 시골 길은 폭이 좁아서 드나들기가 어렵다.

덤프트럭

앞사바리

포크레인의 종류

　처음에는 포크레인은 달리 종류가 없고 모양이 다 같을 것이라고 생각했다. 그래서 현장에 따라 장비를 다르게 써야 한다는 것을 알지 못했다. 하지만 시간이 지나면서 포크레인에도 종류가 있다는 것을 알게 되었다.

　포크레인은 바퀴가 달려 있지 않고 체인으로 움직이는 무한궤도식과 바퀴를 달고 있는 타이어식의 2가지 종류가 있다. 체인으로 움직이는 포크레인은 도로를 주행할 수 없지만 안정감이 뛰어나서 다양한 작업 현장에 이용될 수 있고, 타이어식 포크레인은 도로 주행이 가능해서 작업장을 빈번하게 이동해야 하는 현장에서 많이 사용한다. 그리고 포크레인은 삽의 크기에 따라 분류되기도 한다. 예를 들어 포크레인 06w는 한 삽에 0.6㎥가 실리는 바퀴 달린 포크레인이란 뜻이다.

포크레인

포크레인은 토목·건축·건설 현장에서 땅을 파는 굴착 작업, 토사를 운반하는 적재 작업, 건물을 해체하는 파쇄 작업, 지면을 정리하는 정지 작업 등의 작업을 행하는 건설 기계로서, 장비의 이동 역할을 하는 주행체와 주행체에 탑재되어 360도 회전하는 상부 선회체 및 작업 장치로 구성되어 있다.

포크레인의 종류(무한궤도식)

©현대중공업

포크레인의 종류(타이어식)

©현대중공업

공사 비용을 줄이기 위한
공사 방법은?

　공사 비용을 줄이면 개발 원가가 줄어들 것이고, 개발 원가가 낮아지면 수익이 커진다. 그러므로 공사 비용을 줄일 수 있는 방법이 있다면 개발하는 과정에서 더 많은 수익을 기대할 수 있게 된다. 따라서 나는 항상 어떻게 토지를 조성해야 매수자가 좋아할지를 생각한다. 도면을 보고 도면대로 공사하는 것이 아니라, 어떻게 해야 최소의 비용으로 매수자를 만족시킬 수 있는지를 파악하는 것이다.

　예를 들어 공사 도면에는 성토 2m에 구조물 높이 2m로 되어 있다고 해도, 공사비를 줄이기 위해 다른 방법으로 시공할 수 있다. 허가 도면은 변경할 수 있기 때문에 도면 변경으로 공사 내용을 바꾸는 것이다. 이를테면 성토는 2m를 해도 구조물은 2m로 시공하지 않고 구조물 1.5m에 50cm 법면으로 공사를 하는 식이다. 이렇게 시공하고 매도하면 매수자들은 구조물의 높이는 문제 삼지 않고 공사가 보기 좋게 되어 있는 것만 보고 매수를 결정하곤 한다. 구조물 2m를 치고 법면이 전혀 없게 공사한 부지와 구조물 1.5m에 50cm 법면을 준 부지는 똑같은 가격에 매도할 수 있다는 얘기다.

　오랜 시간 토지를 개발하다 보니 공사 비용을 줄일 수 있는 여러 가지 방법을 알게 되었고, 최소한의 비용으로 공사를 하다 보니 더 많은 이익을 거둘 수 있게 되었다. 이처럼 흔히 통용되는 방법이 있더라도 조금만 생각을 달리 하면 개발 비용을 아끼고 더 많은 이익을 거둘 수 있다.

구배가
무슨 말인가요?

　현장을 보고 공사업자들이 허가가 나지 않을 것 같다고 할 때가 있다. 도로와 배수로라는 조건을 모두 만족하는데 왜 허가가 나지 않는지 물으면, 구배가 맞지 않아 배수로 역할을 하지 못한다는 것이다. 구배가 맞지 않는다는 말은 물이 흘러나가지 못한다는 뜻이다. 배수로의 위치가 높고 땅의 위치가 상대적으로 낮기 때문이다. 그래서 토지 주변에 배수로가 존재하긴 하지만, 높낮이가 맞지 않아 물이 흘러가지 않을 것이므로 개발행위허가를 득할 수 없다.

　2차선 도로변에 토지를 매입하여 도로와 배수로가 모두 있어도 배수로가 도로변에 있고 도로에 붙어 있는 토지가 도로보다 낮게 형성되어 있다면, 토지를 성토하여 도로만큼 높여야만 구배가 맞아 정상적인 배수로 역할을 할 수 있다. 그러므로 성토 공사가 꼭 필요해진다.

구배가 맞는 상황

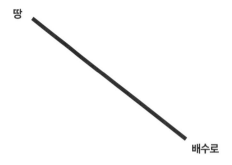

: 땅이 배수로보다 위에 위치할 때

구배가 맞지 않는 상황

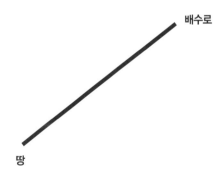

: 땅이 배수로보다 낮게 위치할 때

공사를 시작하면
민원이 발생한다?

　원형지 상태로 매도하면 문제가 발생할 일이 없겠지만, 일단 부지를 조성하기 위한 토목공사를 시작하면 민원이 발생하는 경우가 많다. 또한 민원이 발생하면 공사가 쉽지 않게 흘러가곤 한다.

　예를 들어 좁은 마을 길로 덤프트럭이 다니다 보니 마을 길이 깨져버려서 도로를 재포장해줘야 하거나, 경계 측량을 실시했더니 누가 농사지었는지도 모르는 농작물이 발견된다거나, 땅을 절토하다 보니 이름 모를 해골이 나와서 공사가 중단되는 등 수많은 민원이 발생하곤 한다.

　이렇듯 공사를 시작하면 인근 주민들에게 여러 가지 문제가 생기거나 생각지도 못한 상황들이 발생해서, 공사를 중단하거나 불편 사항을 해결해줘야 하는 상황에 처하기도 한다.

　그러므로 토목공사를 시작하면 여러 가지 문제가 발생하기도 하고 상상하지도 못한 상황도 일어날 수 있다는 것을 꼭 유념해야 한다. 현장에 가서 토지를 둘러볼 때는 어떤 민원이 발생할 수 있는지 일어날 만한 상황을 미리 상상해봐야 한다.

내가 오랜 경험을 통해 터득한, 민원을 최소화하기 위한 한 가지 방법을 알려주고자 한다. 시골에서는 누구보다 이장님의 힘이 세다. 그 지역을 대표하여 일을 맡아보도록 주민들이 직접 뽑은 사람이기 때문이다. 토지를 충분히 살펴본 후 부지를 조성하기로 마음먹었다면, 해당 지역 이장님을 찾아가서 공사 계획을 미리 설명하고 사전 동의를 얻는 게 좋다. 이때 빈손으로 가지 말고 성의껏 간식거리라도 사 들고 가면 대화가 훨씬 수월해진다. 옛말에 인심은 곳간에서 난다고 하지 않았는가. 나중에 공사로 인해 마을 주민들에게 다소 불편함을 끼치는 일이 생겨도, 미리 양해를 구했으므로 너그럽게 봐주려는 마음이 생길 것이다. 물론 피해를 최소화할 수 있도록 신경을 쓰고, 주민들에게 매너 있는 태도로 임하자.

토목공사의 부가세는
환급되지 않는다?

    나는 보통 토지를 매입하여 개발행위허가를 득하고 토목공사를 진행한다. 토목공사를 진행하게 되면 도급 금액에 따른 부가세가 발생하게 되는데, 이때 토지에 투자하는 투자자들은 정확히 알고 지나가야 하는 것이 있다. 결론부터 얘기하면 토목공사 비용에 따른 부가세는 환급이 되지 않는다는 것이다.

    한번은 토지를 매입하여 토목공사에 대한 도급 계약을 맺고 부가세를 포함한 도급 금액을 지출했다. 그런데 토목공사의 부가세는 환급받지 못한다는 것을 알지 못해서 부가세 환급을 신청했다. 그렇게 하여 부가세를 환급받고 몇 달이 지났을까, 세무 공무원으로부터 연락이 왔다. 토목공사의 부가세는 환급받을 수 없다는 것이었다. 그래서 환급받은 기존의 금액과 불성실 신고 가산세까지 납부해야 했다.

내가 세무 공무원에게서 들은 내용에 따르면, 형질 변경, 택지 조성, 도로 개설, 토지의 가치를 높이기 위한 옹벽 설치, 부대시설 공사, 토지에 대한 자본적 지출은 모두 부가가치세 환급이 불가하다고 했다. 이렇게 환급받지 못한 부가세는 취득 원가에 포함된다.

부가세 환급

부가가치세는 매출세액에서 매입세액을 뺀 금액으로 결정된다. 그런데 매입세액이 매출세액보다 많게 되면 부가가치세를 낼 것이 없고, 이 경우 이미 납부한 부가세를 돌려받을 수 있는데 이를 부가세 환급이라 한다.

진짜 돈 되는 토지 투자 노하우

6

내가
배운
토지
세금

비사업용
토지란?

　토지를 개발하여 수익을 올리고 싶다면 세금을 얼마나 내야 하는지 미리 파악해야 한다. 토지의 양도소득세는 1년 미만 소유 시 50%를 내야 하고, 1년에서 2년 사이는 40%, 2년이 지나면 6~42%의 누진세 구조다. 누진세는 구간별로 내야 하는 세금이 다르다는 말인데, 각 구간별로 세금을 더한 금액이 내가 내야 할 양도소득세가 된다.

　토지의 양도소득세는 단기 중과세이므로 토지를 매입하여 빠른 시간 안에 매도하면 많은 부담을 안고 거래를 해야 한다. 정부에서는 투기를 차단하기 위해 비사업용 토지를 규정하고, 비사업용 토지는 세금을 더 중과하여 기존 누진세보다 10% 더 내게 한다.

　비사업용 토지는 농지, 임야, 대지로 구분할 수 있다. 먼저 농지는 재촌, 자경의 조건을 갖춰야 비사업용 토지가 되지 않는다. 재촌은 농지가 있는 해당 시나 농지로부터 직선 거리 30km 이내에 거주해야 한다는 것이다. 농지는 경기도에 위치해 있지만 내가 사는 곳이 서울이라면 재촌에 해당되지 않기 때문에 비사업용 토지로서 양도소득세를 중과한다. 자경은 직접 농사를 지어야 한다는 내용이다. 이 2가지 조건을 만족해야 사업용 토지로 분류된다.

임야는 재촌 규정만 있는데, 해당 시나 연접한 시에 거주하면 사업용으로 판단한다. 따라서 양도소득세 중과를 상대적으로 피할 수 있는 길이 많다. 이런 이유로 농지보다는 임야가 투자 가치가 더 높다고 얘기하는 사람들도 있다.

대지는 건물 여부로 사업용인지를 판단한다. 지목이 대지이면서 건축물이 없는 땅, 즉 나대지는 비사업용 토지로서 중과세 대상이 된다. 사업용 토지를 판단하는 기준에 기간이 있는데, 양도일 직전 5년 중에 연속하지 않더라도 3년간 사업용으로 사용하거나, 양도일 직전 3년 중 2년, 또는 보유 기간의 60%를 사업에 이용하면 사업용 토지가 된다.

지목별 사업용 토지 기준
다음 중 하나에 해당되는 토지를 말한다.

◆ 농지: 다음에 해당되지 않는 전 · 답 · 과수원
 − 시 이상 주거 · 상업 · 공업지역 외에 소재하는 재촌 · 자경 농지
 − 농지법에 따른 주말 · 체험 영농 소유 농지(세대당 1,000㎡ 미만) 등

♦ 임야: 다음의 임야는 제외

– 영림계획인가를 받아 사업 중인 임야 또는 특수개발지역으로 지정된 임야

 ※도시지역 밖 또는 도시지역의 보전녹지지역 안의 임야에 한함

– 재촌하는 자가 소유하는 임야

♦ 목장용지: 다음의 목장용지는 제외

– 시 이상 주거 · 상업 · 공업지역 외에 소재하는 축산업을 영위하는 목장용
지로서 기준 면적 이내의 토지

♦ 비사업용 나대지: 재산세 종합합산과세 대상 토지로 건축물이 없는 나대
지, 잡종지 등의 토지

– 다만, 사업에 사용하는 다음의 토지는 제외

 □ 운동장 · 경기장 등 체육시설용 토지

 □ 휴양시설업용, 주차장용, 청소년 수련시설용, 예비군훈련장용 토지

 □ 개발사업시행자가 조성한 토지, 기타 토지

비사업용 토지 기간 기준

보유 기간 중 일정 기간 사업용으로 사용되지 않은 토지

※다음의 요건 중 하나를 충족하는 경우에는 사업용 토지로 본다.

① 양도일 직전 3년 중 2년 이상을 직접 사업에 사용

② 양도일 직전 5년 중 3년 이상을 직접 사업에 사용

③ 보유 기간 중 60% 이상을 직접 사업에 사용

다만, 보유 기간 2년 미만인 경우 ③항만 적용한다.

2018 양도소득세

구분	일반지역 기본	18. 4.1.부터 조정 지역 내 2주택 이상 비사업용 토지	3주택 이상 투기 지역 + 비사업용 토지	누진 공제
2018년 양도소득세 세율				
1,200만 원 이하	6%	16%	26%	0원
4,600만 원 이하	15%	25%	35%	(−)108만 원
8,800만 원 이하	24%	34%	44%	(−)522만 원
1억 5천만 원 이하	35%	45%	55%	(−)1,490만 원
3억 원 이하	38%	48%	58%	(−)1,940만 원
5억 원 이하	40%	50%	60%	(−)2,540만 원
5억 원 초과	42%	52%	62%	(−)3,540만 원
2년 이상(주택 1년) 이상 보유 시 적용				
1년 미만 보유	주택, 조합원입주권 40% / 토지 50%			
1~2년 미만 보유	주택, 조합원입주권 6~42% / 토지 40%			
미등기 양도	70%			

용도 배율이란
뭔가요?

　용도 배율에 맞추어 건물을 지어야만 사업용 토지로 판단할 수 있다는 말을 자주 듣는다. 용도 배율이란 건물 면적의 몇 배만큼을 사업용 토지로 판단하겠다는 뜻이다. 예를 들어 주거 지역의 4배, 녹지나 관리 지역의 7배가 용도 배율이라는 말은 주거 지역에 60평의 건물이 있다면 4배, 즉 240평만큼 사업용 토지로 보는 것이다. 관리 지역에 500평의 토지가 있다고 가정한다면 몇 평만큼 건물을 지어야 전체 면적을 사업용 토지로 판단할 수 있을까? 500평을 7로 나눈 71.4평이 된다.

　용도 배율은 건물이 주택이 아닌 경우에 적용된다. 건물이 주택일 경우에는 주택 부수토지라고 하여 주택 정착 면적의 몇 배만큼 사업용 토지로 본다. 도시 지역은 5배이고 비도시 지역은 10배이므로, 예를 들어 주택 면적이 50평이라면 도시 지역에서는 250평까지 사업용 토지가 된다.

용도 지역별 적용 배율

구분		배율
도시지역 안	상업지역, 준주거지역	3배
	공업지역, 일반주거지역, 미계획지역	4배
	전용주거지역	5배
	녹지지역	7배
도시지역 밖	모든 지역	7배

주택 부수토지

소득세법 제89조 제1항 제3호 각 목 외의 부분에서 "지역별로 대통령령으로 정하는 배율"이란 다음의 배율을 말한다. 〈개정 2003.12.31.〉

　　국토의계획및이용에관한법률 제6조 제1호에 따른 도시지역 내의 토지: 5배

　　그 밖의 토지: 10배

비사업용 토지를 사업용 토지로 바꿀 수도 있나요?

비사업용에 대한 양도세 중과 규정이 생기면서 자신의 토지가 사업용인지 비사업용인지 알아보는 사람이 늘어났다. 대부분 토지에 투자한 사람들은 비사업용으로 토지를 갖고 있는 경우가 많았기에, 어떻게 하면 사업용으로 판단되어 양도세 중과가 되지 않는지 방법을 알아보고 있었다. 그래서 나도 토지 업무를 볼 때 어떻게 하면 비사업용 토지를 사업용 토지로 바꿀 수 있을까 연구했다.

일단 농지와 임야의 경우에는 재촌과 자경이라는 기준이 있으므로 소유자의 주소지를 옮기게 하고 기간 기준을 만족시키면 사업용 토지로 만들 수 있다. 하지만 이 방법을 실행에 옮기기란 현실적으로 쉽지 않아서 다른 방법이 필요했다. 소득세법 시행규칙 제83조의 5에는 부득이한 경우에 비사업용 토지로 보지 않는 토지의 판정 기준이 나와 있다. 즉, 토지를 취득하여 착공한 경우에는 토지를 취득한 시점으로부터 2년간 사업용으로 판단한다. 다시 말해, 착공 중인 기간에는 사업용으로 판단한다는 것이다.

　토지를 취득하고 2년이 지나 3년째에 매도한다고 했을 때 농지나 임야 상태 그대로 매매하면 재촌과 자경을 충족시키지 않았으므로 비사업용 토지로 분류되어 양도세가 중과될 것이지만, 3년이 되어가는 시점에 개발행위허가를 득하고 건축허가를 받아 착공계 접수까지 마치고 토지를 팔면 되는 것이다. 토지의 취득일로부터 2년간은 사업용으로 보고 착공한 이후에는 사업용으로 판단한다고 했으니, 양도일 직전 3년 중 2년을 사업용으로 사용한 경우에 해당되므로 사업용 토지로 분류되어 양도세 중과를 피할 수 있다.

　착공계는 건축 허가 및 건축 신고를 득하면 착공하겠다는 의사 표현을 하는 서류로, 착공계를 접수하면 다음 날부터 건물을 지을 수 있다. 건물을 지을 때 착공계 접수를 하지 않았다면 사전 착공에 해당되어 과태료가 발생할 수 있기 때문에 건물을 짓기 전에 반드시 착공계를 접수해야 한다.

　한편 토지를 오랫동안 보유하고 있다가 개발행위허가를 득하여 착공해 기간 기준에 적용되지 않는 경우가 생긴다. 이 경우에는 용도 지역의 용도 배율에 맞게 건축한 후 착공 시점으로부터 2년이 지나면 양도일 직전 3년 중 2년을 사업용으로 썼다고 판단하기 때문에 비사업용 토지를 사업용 토지로 바꿀 수 있다.

　비사업용에 대한 양도세 중과 기준은 누진세에 탄력 세율을 붙이는 것이므로, 1년이 되는 시점에 물건을 팔면 양도소득세의 단기 중과세를 적용받기 때문에 사업용과 비사업용을 따져봤자 실익이 없다. 하지만 이미 토지를 보유하고 있고 보유한 토지가 비사업용 토지에 해당된다면 앞에서 말한 방법으로 사업용 토지로 바꿀 수 있다.

1년 되는 시점에 매도하면서 양도소득세를 줄일 수 있는 방법이 없다면, 가장 이상적인 개발 방법은 토지를 취득해서 개발행위허가를 득한 뒤 2년이 되는 시점에 건축 허가 및 신고를 득하고 착공계 접수까지 마친 후 매도하는 것이다. 그러면 2년이 지났고 사업용 토지가 되었으므로 양도소득세는 누진세 공제를 적용받을 것이다. 이런 방법을 쓰면 양도소득세를 적게 납부할 수 있다.

개발의 절차
토지 매입 → 개발행위허가 → 토목공사 → 건축 신고 및 건축 허가 → 착공계 접수 → 건물 신축

소득세법 시행규칙
소득세법 시행규칙 제83조의 5(부득이한 사유가 있어 비사업용 토지로 보지 아니하는 토지의 판정 기준 등)

영 제168조의 14 제1항 제4호에 따라 다음 각 호의 어느 하나에 해당하는 토지는 해당 각 호에서 규정한 기간 동안 법 제104조의 3 제1항 각 호의 어느 하나에 해당하지 아니하는 토지로 보아 같은 항에 따른 비사업용 토지에 해당하는지 여부를 판정한다. 다만, 부동산매매업(한국표준산업분류에 따른 건물건설업 및 부동산공급업을 말한다)을 영위하는 자가 취득한 매매용 부동산

에 대하여는 제1호 및 제2호를 적용하지 아니한다. 〈개정 2009.4.14.〉

토지를 취득한 후 법령에 따라 당해 사업과 관련된 인가 · 허가(건축 허가를 포함한다. 이하 같다) · 면허 등을 신청한 자가 건축법 제18조 및 행정지도에 따라 건축 허가가 제한됨에 따라 건축을 할 수 없게 된 토지 : 건축 허가가 제한된 기간

토지를 취득한 후 법령에 따라 당해 사업과 관련된 인가 · 허가 · 면허를 받았으나 건축 자재의 수급 조절을 위한 행정 지도에 따라 착공이 제한된 토지 : 착공이 제한된 기간

사업장(임시 작업장을 제외한다)의 진입 도로로서 사도법에 따른 사도 또는 불특정 다수인이 이용하는 도로 : 사도 또는 도로로 이용되는 기간

건축법에 따라 건축 허가를 받을 당시에 공공공지(公共空地)로 제공한 토지 : 당해 건축물의 착공일부터 공공공지로의 제공이 끝나는 날까지의 기간

지상에 건축물이 정착되어 있지 아니한 토지를 취득하여 사업용으로 사용하기 위하여 건설에 착공(착공일이 불분명한 경우에는 착공신고서 제출일을 기준으로 한다)한 토지 : 당해 토지의 취득일부터 2년 및 착공일 이후 건설이 진행 중인 기간(천재지변, 민원의 발생 그 밖의 정당한 사유로 인하여 건설을 중단한 경우에는 중단한 기간을 포함한다)

개인은 양도소득세,
법인은 법인소득세

토지를 개발하다 보니 단기 매도에 따른 양도소득세가 부담이 되기 시작했다. 그래서 어떻게 하면 세금을 줄일 수 있는지 고민하게 되었다. 찾아보니, 개인보다는 법인이 내는 세금이 상대적으로 저렴하다는 것을 알게 되었다. 그러자 법인 설립은 어떻게 해야 하는지 궁금해졌다.

자본금이 있어야 할 테니 법인 설립은 어렵지 않을까 어렴풋이 짐작하고 법무사 사무실을 운영하는 지인을 찾아가 자본금이 얼마나 필요한지 물었다. 그랬더니 지인은 얼마 전까지는 법인 설립에는 자본금이 필요했지만, 자본금 조건이 없어졌다고 말했다. 그리고 대표와 감사, 2명만 있으면 된다고 했다. 그렇게 쉽다면 당장 법인을 설립하기로했다.

그러나 막상 법인으로 토지를 매입하려고 하니, 상황이 여의치 않았다. 우선 법인은 농지를 취득하는 것이 불가능했다. 농지는 농사를 짓기 위해 취득하는 것이므로 그 사실을 입증하기 위해 농취증을 발급받아야 한다. 그런데 법인은 농취증을 발급받을 수 없었다. 하지만 다른 목적으로 농지를 취득할 수 있었다. 즉, 농사를 지을 목적이 아닌 건물을 짓기 위해 취득하면 된다. 법인이 농지를 취득하면서 계약금을 지불하고 법인 명의로 개발행위허가를 득하면, 농취증 대신 허가증을 첨부하여 농지를 취득하는 이유가 건물을 짓기 위해서임을 밝혀둔다. 다시 말해, 법인이 농지를 취득하기 위해서는 개발행위허가가 전제되어야 한다.

그래서 개발행위허가를 먼저 득하면 토지를 매입할 수 있을 것이라고 생각하고 실행에 옮기려 했다. 그런데 결국엔 실패했다. 개발행위허가를 득하는 첫 번째 이유는 토지 매입 과정에서 대출을 이용하기 위해서인데, 신설 법인은 대출이 불가능하기 때문이었다. 법인 소득세가 개인 양도소득세보다는 훨씬 저렴해서 세금을 줄여보려 법인을 설립한 것인데, 대출이 불가능할 것이라고는 미처 생각하지 못했다. 은행 담당자가 신설 법인은 경제 사정을 평가할 수 있는 기준인 재무제표가 없기 때문에 대출이 불가능하다고 설명했다. 만약 대출을 이용하지 않아도 된다면 법인을 이용하여 토지를 매입하고 매도하면 소득세 지출을 줄일 수 있다.

나는 대출을 되도록 많이 이용해야 하는 상황이어서 법인이 아닌 개인으로 토지를 취득하게 되었고, 1년이 되는 시점에는 양도소득세 40%를 내야 했다. 얼마 전부터는 법인의 재무제표를 만들어

가고 있어서 빠른 시간 안에 법인 대출이 가능해질 것 같다. 그렇
게 된다면 더 많은 수익을 기대할 수 있을 것이다.

법인 소득세율(2018년)

과세표준	법인세율
2억 원 이하	10%
2억 초과 200억 원 이하	20%
200억 초과 3천억 원 이하	22%
3천억 원 초과	25%

계산서가 없어도
공제가 되나요?

2018년 4월 1일 소득세법이 개정되면서 자본 지출 비용에 대한 적격 증빙 서류의 수취·보관 의무가 폐지되었다. 기존에는 부동산 업무에 지출했던 경비 등에 대하여 적격 증빙 서류(세금계산서, 계산서, 현금영수증, 신용카드 매출 전표)를 수취·보관해야 했지만, 2018년 4월 1일 이후로는 금융거래내역 등에 의해 객관적으로 지출된 사실이 확인된다면 필요 경비로 인정받을 수 있다. 계산서가 없어도 실제로 공사 비용을 지출했다면 공제해주겠다는 말이다. 즉, 비용 지출에 대해 통장 내역이 확인된다면 지출로 인정받을 수 있다.

이렇게 되면 토지를 매입하여 개발행위허가를 득한 사람이 공사를 하기 위해 도급을 주었지만 도급받은 사람이 사업자가 아니어서 계산서를 받을 수 없는 상황이라도, 통장 내역만으로 공사비 지출을 입증할 수 있다는 뜻이다. 따라서 도급 비용은 양도소득세를 납부하는 과정에서 자본적 지출 비용으로 공사비를 공제받을 수 있다.

양도소득세 계산 도식

진짜 돈 되는 토지 투자 노하우

개발행위허가를 득한
농지는 농지인가요?

　어느 날, 도로변에 붙은 농지를 매도하고 싶어 하는 손님이 찾아왔다. 농지에서 10년 넘게 농사를 짓고 있는데, 개발행위허가를 득해놓고 부지를 조성해놓으면 쉽게 매매할 수 있을 거라고 해서 부지 조성을 해놓았다고 했다. 8년 이상 자경했다면 양도세를 감면받을 수 있는데, 이때는 양도 당시 농지 상태여야 한다는 조항이 붙는다. 그런데 이 경우에는 형질이 변경되어 농지 상태가 아니기 때문에 8년간 자경한 데 따른 양도소득세 감면을 받을 수 없었다. 그러므로 농지 상태로 원상 복구하고 개발행위허가를 취소하게 했다.

　어떤 사람들은 개발행위허가는 취소하지 않아도 된다고 하는데, 개발행위허가를 득한 농지에 대한 정확한 해석이 필요하다. 개발행위허가를 득하고 토목공사를 해놓았다면 농지가 아니라고 여기고 허가를 득한 날로부터 건물을 짓기 위한 사업용으로 토지를 사용하고 있다고 보아야 할까? 한편 개발행위허가를 득하여 토목공사를 했더라도 기존의 지목에 따라 비사업용으로 사용하고 있다고 보아야 할까? 개발행위허가를 받고 토목공사를 했다는 것은 앞으로 농지로 활용하지 않을 것이라고 시에 얘기하고 허락을 받았다는 말인데, 지목이 농지이기 때문에 농사를 지었는지 안 지었는지에 따라 사업용인지 아닌지를 판단한다는 것은 매우 불합리하다는 생각이 든다.

개발행위허가를 득하여 토목공사를 해놓은 농지는 사업용 토지라고 보아야 합당하다는 생각이 든다. 법에는 착공한 순간부터 사업용으로 보아야 한다고 명시하고 있지만, 여기서 말하는 착공이 토목공사인지 건축 허가에 따른 착공계 접수인지 명확하지 않기 때문에 사업용과 비사업용을 구분하는 데 명확한 해석을 하기 어렵다.

8년 자경농의 조건

양도일 현재에도 계속 당해 지역에 거주하면서 경작하고 있어야 하는 것을 요건으로 하지 않는다. 즉, 양도자가 양도일 현재 가까운 곳에 살지 않더라도 거주자로 있을 당시 8년 이상 경작한 사실이 확인되면 양도소득세의 면제 규정이 적용된다. 그러나 양도일 현재에는 실제로 경작에 사용되고 있는 농지여야 한다.

진짜 돈 되는 토지 투자 노하우

7

김공인의 토지 투자 물건 분석하는 법

1년 투자 현금 대비 수익률
90% 달성하기

토지이용확인원

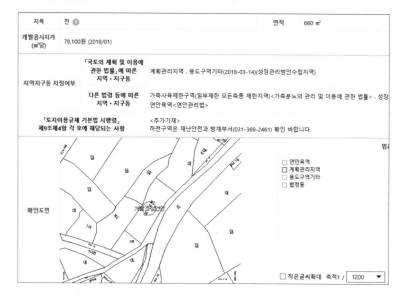

지목	전 🄰		면적	660 ㎡
개별공시지가 (㎡당)	79,100원 (2018/01)			
지역지구등 지정여부	「국토의 계획 및 이용에 관한 법률」에 따른 지역·지구등	계획관리지역 , 용도구역기타(2018-03-14)(성장관리방안수립지역)		
	다른 법령 등에 따른 지역·지구등	가축사육제한구역(일부제한 모든축종 제한지역)<가축분뇨의 관리 및 이용에 관한 법률> , 성장 연안육역<연안관리법>		
「토지이용규제 기본법 시행령」 제9조제4항 각 호에 해당되는 사항	<추가기재> 하천구역은 재난안전과 방재부서(031-369-2461) 확인 바랍니다.			

확인도면

□ 연안육역
□ 계획관리지역
□ 용도구역기타
□ 법정동

□ 작은글씨확대 축척1 / 1200 ▼

평당 100만 원에 나온 물건을 분석해보자. 지목이 전이므로 농지에 해당되기 때문에 개발행위허가를 득할 시 농지보전분담금을 국고세금으로 납부해야 할 것이다. 면적이 200평 정도이므로 1,600만원의 세금을 내야 한다. 확인 도면으로 볼 때 큰 도로변에 위치해있으며, 지적상으로는 법정 구거를 확인하기 힘들기 때문에 현장을 확인하여 배수로의 유무와 위치를 확인해야 한다.

이 토지는 성장관리방안 수립지역으로 계획관리지역 건폐율 40%에 추가 건폐율 10%를 적용받는다. 또한 연안관리법이 적용되지만, 시에 확인한 결과 연안육역이라는 표시는 개발행위허가를 득하는 데 아무런 제한도 없었다. 건폐율 50%이므로 3층짜리 다가구 건물을 지으면 좋겠다는 판단이 든다. 즉, 매수자는 건축업자로 특정되었다.

직사각형 모양의 토지이기 때문에 2등분하여 100평씩 나누어 매도하면 될 것으로 보인다. 택지 지구에서는 가구 수 제한이 있지만, 주거 지역의 건폐율은 60%다. 이 토지는 건폐율은 50%이지만 3층 다가구 주택을 만들어 수익형 부동산으로 만든다면 택지가 아니기 때문에 가구 수 제한이 없어서 장점으로 작용할 것이다. 또한 현재 택지 가격은 평당 400만 원에서 500만 원에 육박하므로 주거 지역에 수익형 부동산을 만드는 데는 투자 비용이 많이 들 것이다. 그렇기 때문에 앞으로 유동 인구가 늘어나 원룸이나 투룸의 수요가 많아진다면 주거 지역의 택지보다 훨씬 투자 가치가 있는 땅이라고 판단할 수 있다.

매입가는 평당 100만 원씩 총 2억 원인데, 개발행위허가를 득하고 토목공사가 완료된 다가구 주택이 가능한 부지라면 대출은 1억 6천만 원을 받을 수 있다. 그러므로 땅은 현금 4천만 원으로 매입할 수 있다. 일단 부지를 조성한다는 가정하에 현장의 모습으로 도로와 배수로, 공사량을 파악해보자.

위성사진

토지의 위성사진을 보면, 예상했던 대로 큰 도로는 2차선 도로다. 2차선 도로변은 가·감속 차선 공사가 수반될 수 있기 때문에, 시로부터 가·감속 차선 설치 여부를 확인해야 한다. 시에 확인한 결과, 토지 앞에 있는 2차선은 시가 관리하는 시도이므로 차선 설치가 필요 없었다. 뒤에 접한 토지가 논으로 사용되고 있으므로 뒤쪽 경계선은 구조물 공사가 필요할 것이다. 로드 뷰를 통해 현장의 모습을 살펴보자.

현장 사진 1

현장의 모습을 확인한 결과 토지 뒤는 논으로 활용되고 있고, 높이 차가 1m 정도였다. 또한 토지가 도로와 높이가 거의 같아 성·절토량은 거의 없을 것이다. 그렇기에 부지로 조성할 때 뒤쪽에 경계를 짓는 1m 구조물만 세우면 된다. 이제 배수로의 유무와 위치를 확인해보자.

현장 사진 2

파란색 네모는 우수관이다. 구멍이 뚫려 있는 맨홀을 우수관이라 하는데, 토지 앞에 우수관이 있다면 화장실 물, 빗물까지 모두받을 수 있으므로 배수로 역할을 할 수 있을 것이다. 배수로가 있으므로 개발행위허가를 득하는 데는 아무 문제도 없을 것이다. 이제 뒤쪽 경계선의 거리를 확인하여 토목공사의 견적을 계산해볼차례다.

위성사진으로 거리를 측정한 결과 44m다. 구조물은 44㎡가 필요하다. 견적을 내보니 정지 작업 및 구조물 공사에 1천만 원이 들지 않았다. 하지만 계산의 편의를 위해 1천만 원으로 잡는다.

이제 토지를 매입하여 100평짜리 부지 2개를 만들어 평당 200만 원씩에 분양하면 얼마의 수익이 생기는지 사업계획서를 작성하여 알아보자.

100평짜리 2개로 매도할 때

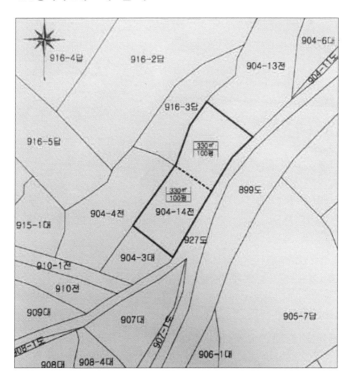

사업계획서

토지 매입 비용 200평×100만 원=2억 원
주택 부지로의 인·허가 비용(농지보전분담금) 200평×약 8만 원=1,600만 원
2건의 토목 설계비, 경계 및 분할 측량 비용 약 500만 원
취·등록세 2억 원×약 5%=1천만 원

Total : 2억 3,100만 원

예상 대출 금액   1억 5천만 원
1년 이자 비용   연금리 4% 적용 시 600만 원

토지 취득 후 토목공사 비용
성·절토 및 구조물 공사 비용   1천만 원
                  부가세 포함 총 1,100만 원

토지를 매입하여 개발행위허가를 득하고 토목공사를 완료한 후
1년간 보유하는 총 현금 비용=8,100만 원+1년 이자 600만 원+
토목공사 비용 1,100만 원   9,800만 원

예상 매도 가격 평당 200만 원=4억 원
양도세과표 4억 원-토지 매입비 2억 원-허가에 따른 비용 2,100만 원
　-취등록세 1천만 원-토목공사 비용 1,100만 원   1억 5,800만 원

1년이 지난 시점의 양도세 1억 5,800만 원×44%   약 7천만 원
마진 4억 원-토지 매입 비용 2억 원-허가에 따른 비용 2,100만 원
　-취등록세 1천만 원-토목공사비 1,100만 원
　-1년 이자 비용 600만 원-양도세 7천만 원   8,200만 원

현금 9,800만 원 투자 대비 90% 수익률

이 개발 사업은 현금이 1억 원도 들지 않기 때문에 두 사람이 5천만 원씩 투자한다
면 1년 되는 시점에 90%의 수익을 거둘 수 있다.

물건분석 2

1년 투자 현금 대비 수익률
115% 달성하기

토지이용확인원

지목	임야 ⓘ			면적	1,851 ㎡
개별공시지가 (㎡당)	51,000원 (2018/01)				

지역지구등 지정여부	「국토의 계획 및 이용에 관한 법률」에 따른 지역·지구등	계획관리지역
	다른 법령 등에 따른 지역·지구등	가축사육제한구역(일부제한 모든축종 제한지역)<가축분뇨의 관리 및 이용에 관한 법률> . 성장
	「토지이용규제 기본법 시행령」 제9조제4항 각 호에 해당되는 사항	<추가기재> 하천구역은 재난안전과 방재부서(031-369-2461) 확인 바랍니다.

확인도면

□ 계획관리지역
□ 법정동

□ 작은글씨확대 축척1 / 1200 ▼

    지목이 임야인 부지로 대체산림자원조성비를 국고세금으로 납부해야 한다. 세금은 평당 약 1만 5,000원으로, 면적이 1,851㎡이기 때문에 평으로 환산하면 약 560평이다. 그렇기에 개발행위허가를 득하는 데 필요한 국고세금은 약 850만 원가량이다. 확인 도면으로 확인했을 때 큰 도로변에 접하고 있고, 위쪽으로 법정 구거 부지까지 있어서 허가를 득하는 데 문제가 없을 것으로 보인다. 하지만 법정 구거라도 물이 흐르지 않고 구거 역할을 제대로 하고 있지 않다면 다른 배수로를 확인해야 할 것이다.

위성사진

위성으로 현장의 모습을 본 것이다. 예상한 대로 큰 도로변에 위치해 있고 도로 폭이 꽤 넓어 보이기에, 허가를 득하거나 실지로 이용하는 데 큰 문제가 없을 것이다. 다만 지적으로 확인한 구거 부지가 물이 흐르지 않고 배수로 역할을 하지 못하는 것으로 판단된다. 그러므로 다른 배수로 유무를 확인하고 위치를 확인하여 공사 비용을 예상해야 할 것이다. 로드 뷰로서 다른 배수로의 유무를 확인하고 현장 상황을 체크하여 어느 정도 토목공사가 필요한지 파악해보자.

현장 사진 1

현장 사진 2

위성사진으로 거리 확인하기

위 사진들로 배수로의 유무와 위치를 파악하고 거리도 측정해서 배수로 연결에 대한 공사 비용을 예상할 수 있다. 포장된 도로를 파내 관을 묻고 다시 재포장해야 하는 상황인데, 다행히 도로가 넓고 2차선에서 그리 멀지 않은 위치이므로 공사를 진행할 때 민원은 문제가 되지 않을 것으로 보인다. 물론 공사업자에게 견적을 받아야 하겠지만 금액이 많이 들어가지 않을 것이라고 예상할 수 있다.

성·절토량과 구조물 공사는 거의 필요 없을 것으로 판단할 수 있다. 그러므로 토목공사까지 약 1천만 원의 비용이 든다고 보면 될

것이다. 토지 왼편으로 5m 길을 개설하여 2개의 부지로 조성하면
좋을 것 같다.

2개의 부지로 분할한 모습

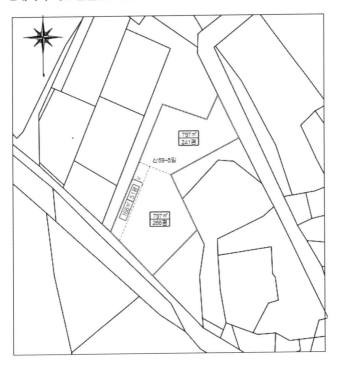

이처럼 2개의 부지로 분할하여 조성하면 필지를 분할하여 절반
씩 매도할 때 매도 금액이 부담되지 않아 쉽게 매도할 수 있을 것으
로 판단된다. 토지의 전체 면적은 560평이므로 개발부담금 대상이
아니고, 근생 시설로 개발할 경우에 도시계획 심의 대상도 되지 않
기 때문에 쉽게 부지를 조성할 수 있다. 앞의 부지는 근생 2종 음식

점을 생각할 수 있고, 뒤의 부지는 근생 2종 제조장을 용도로 하면 좋을 것이다.

지목이 임야로 허가비가 저렴하기 때문에 대출을 최대한으로 이용할 수 있다면 적은 현금으로 최대의 수익을 올릴 수 있을 것이다. 토목공사는 경계를 확인할 수 있는 경계석과 약간의 정지 작업이 전부라고 판단된다. 이 토지는 매입하여 개발행위허가를 2건으로 접수하여 허가를 득하고 허가권에 의한 경계 및 분할 측량을 거친 뒤 토목공사를 진행하여 2개의 부지로 조성한 다음 최대한의 대출을 이용하면 된다. 허가 건수는 토지 2건과 도로 부지 1건이고, 그에 따른 토목 설계비를 예상하면 된다.

토지가 평당 80만 원에 매도로 나왔다는 가정하에 사업계획서를 작성해보자. 대출 금액은 최대한으로 가정하겠다. 최대한 많은 대출을 이용할 수 있어야 수익이 높아진다는 점을 명심해야 할 것이다. 또한 세금을 줄일 수 있는 방법이 있다면 수익은 더욱 극대화될 것이다.

토지 매입 비용 560평×80만 원＝4억 4,800만 원

인·허가 비용(국고세금) 560평×약 1만 5,000원＝약 850만 원

토목 설계 비용 3건×150만 원＝450만 원

허가에 따른 경계 및 분할 측량비 약 200만 원

취·등록세 4억 4,800만 원×5%＝약 2,200만 원

Total : 4억 8,500만 원

예상 대출 비용 · 3억 5천만 원

1년 이자 비용 · 연금리 4% 적용 시 1,400만 원

개발행위허가를 득하여 토지를 매입하고 1년간 보유하는

현금 비용＝1억 3,500만 원+1,400만 원 · · · · · · · · · · · · · · · · 1억 4,900만 원

토목공사 비용

성·절토 및 구조물 공사, 배수관 연결 비용 · · · · · · · · · · · · · · · · 약 1천만 원

부가세 포함 총 1,100만 원

2개의 부지를 조성하는 데 들어가는 총 비용 · · · · · · · · · · · 1억 6천만 원

매가를 고려한 부지 예상 매도 금액 평당 150만 원 · · · · · · · 8억 4천만 원

양도세과표＝8억 4천만 원－토지 매입 금액 4억 8,500만 원

－토목공사 비용 1,100만 원 · 3억 4,400만 원

1년이 지난 시점의 양도소득세 3억 4,400만 원×44% · · · · · · 약 1억 5천만 원

마진 8억 4천만 원－매입 금액 4억 8,500만 원

－1년 이자 비용 1,400만 원－토목공사 비용 1,100만 원

－양도소득세 1억 5천만 원 · 1억 8천만 원

현금 1억 6천만 원 투자 대비 115% 수익률

3명이 약 5천만 원의 비용으로 개발하여 1년 되는 시점에 팔면 엄청난 수익을 예상할 수 있다.

1년 투자 현금 대비 수익률
120% 달성하기

토지이용확인원

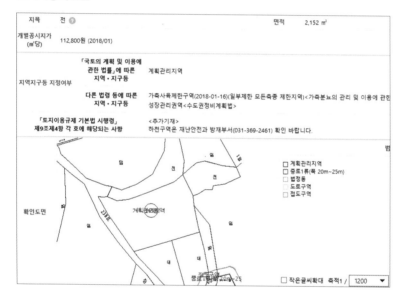

| 지목 | 전 | | 면적 | 2,152 m² |

개별공시지가
(m²당)   112,800원 (2018/01)

지역지구등 지정여부

「국토의 계획 및 이용에
관한 법률」에 따른
지역·지구등   계획관리지역

다른 법령 등에 따른
지역·지구등   가축사육제한구역(2018-01-16)(일부제한 모든축종 제한지역)<가축분뇨의 관리 및 이용에 관한
성장관리권역<수도권정비계획법>

「토지이용규제 기본법 시행령」   <추가기재>
제9조제4항 각 호에 해당되는 사항   하천구역은 재난안전과 방재부서(031-369-2461) 확인 바랍니다.

확인도면

□ 계획관리지역
□ 중로1류(폭 20m~25m)
□ 법정동
□ 도로구역
□ 접도구역

□ 작은글씨확대 축척1 / 1200 ▼

650평의 토지이므로, 작은 평수로 분할하여 다가구 부지로 형성하면 수익형 부동산을 만들기에 아주 좋은 조건을 가지고 있다. 그래서 토지를 3등분하여 200평의 부지 3개로 만들고 나머지는 도로부지로 하면 될 것으로 보인다. 건물을 예상해보니 1층은 50평으로 잡고 4층까지 건축할 수 있을 것 같았다. 물론 도시가스는 들어

오지 않겠지만, 요즘 LPG의 공급이 도시가스 못지않게 잘되므로 크게 문제되지 않을 것이다.

지주의 토지사용승낙을 얻어 매수자에게 개발행위허가를 득하게 하고, 4건으로 분할하여 부지 3개와 도로 부지 1개로 허가를 접수하기로 한다. 주택으로 5,000㎡ 미만이지만 10가구가 넘으면 도시계획심의를 받기 때문에, 이 토지도 심의 대상이 될 것이라고 예상할 수 있다. 그리고 비도시 지역에 2,500㎡ 미만이라 개발부담금 대상은 되지 않는다.

인·허가 기간은 심의 기간을 고려하여 수개월이 걸릴 테지만, 개발부담금은 없으므로 장점으로 부각된다. 또한 허가를 득하면 최대한의 대출을 이용할 수 있을 것이므로 대출로 잔금을 지불하고 등기이전을 하면 될 것으로 보인다.

토목공사는 성·절토 및 구조물 공사가 필요할 것이다. 양도소득세는 1년이 경과하면 40%의 세금을 납부하기 때문에 1년이 되는 시점에 매도하면 될 것이라고 판단한다. 평당 60만 원에 매도로 나와 있다는 가정하에 200평씩 3개 부지로 조성하고, 도로 부지를 포함한 약 220평의 3개 부지를 평당 150만 원에 분양하면 될 것이다. 매도 금액을 예상해보았을 때 3억 3천만 원인데, 매수자가 토지 대출로 2억 5천만 원 이상을 대출받을 수 있게 하면 매수자의 현금 비용은 등기 비용을 포함하더라도 1억 원 정도일 것이다.

먼저 개발행위허가를 득하는 데 있어서 농지보전분담금을 국고 세금으로 납부해야 하므로 공시지가를 살펴볼 필요가 있다. 공시지가가 높아서 평당 11만 원 정도의 비용을 납부해야 하므로 총 7천만 원 가량의 비용이 들 것이다. 4건으로 허가 접수를 해야 하므로 건당 150만 원이라 하면 총 600만 원의 토목 설계 비용이 들어간다.

이제 위성사진으로 도로의 조건과 배수로의 유무 및 위치를 살펴보고, 현장의 모습으로 토목공사량을 파악해보자.

위성사진

위성으로 본 결과 인근에 큰 도로가 위치해 있어 접근성이 훌륭하다. 주변에 공장이 많은 것으로 보아 원룸과 투룸 수요는 많을

것으로 예상할 수 있다. 또한 토지의 모양이 직사각형이므로 도로를 개설하고 3등분 하면 좋을 것이다.

현장 사진 1

현장 사진 2

로드 뷰를 확인하니, 절토는 조금만 하거나 하지 않아도 좋을 것으로 보인다. 파란색 네모를 보면 인접 필지와 높이가 맞지 않아 옹벽 구조물이 벌써 시공되어 있다. 그러니 구조물 공사를 많이 하지 않아도 될 것이다. 또한 토지 앞의 빨간색 네모는 배수로로, 배수로 연결에도 문제가 없을 것이다. 그러므로 개발행위허가를 득하는 데 문제가 없을 것으로 판단할 수 있다.

추가 옹벽 시공이 필요한 구간을 확인하여 공사 비용을 예상해보자.

위성사진으로 거리 확인하기

옹벽 시공이 추가로 필요한 구간은 약 27m로, 높이 2m면 될 것

이다. 토지 정지 작업 및 추가 옹벽 시공으로 약 700만 원의 비용이 들 것으로 보인다. 경계 측량 및 분할 측량 비용은 약 300만 원으로 예상하면 된다.

다가구 부지 3건을 만들 때 가분할 모습을 확인하고, 그에 따른 사업계획서를 작성해보자.

3개의 부지로 만들어 매도할 때의 모습

토지 매입 비용 650평×60만 원=3억 9천만 원
인·허가 비용(농지보전분담금) 650평×약 11만 원=약 7천만 원
토목 설계비 4건×150만 원=600만 원
도시계획 심의 비용 4건×150만 원=600만 원
허가에 따른 경계 측량 및 분할 측량 비용 약 300만 원
취·등록세 3억 9천만 원×5%=1,950만 원

Total : 4억 9,450만 원

예상 대출 금액	3억 원
1년 이자 비용	연금리 4% 적용 시 1,200만 원

토지를 매입하고 개발행위허가를 득하여 분할한 뒤 1년간
보유하는 현금 비용=4억 9,450만 원-3억 원+1,200만 원   2억 650만 원

토목공사 비용
추가 옹벽 시공 및 정지 작업 비용 700만 원   부가세 포함 총 770만 원

3건의 다가구 부지를 조성하기 위한 현금 비용   약 2억 1,500만 원

예상 매도 가격 평당 150만 원   9억 7,500만 원
양도세과표 9억 7,500만 원-토지 매입 비용 4억 9,450만 원-
토목공사 비용 770만 원   4억 7,280만 원
양도소득세 4억 7,280만 원×44%   약 2억 800만 원
마진 9억 7,500만 원-토지 매입 비용 4억 9,450만 원
 -1년 이자 비용 1,200만 원-토목공사 비용 770만 원
 -양도소득세 2억 800만 원   2억 5,280만 원

현금 2억 1,500만 원 투자 대비 120% 수익률

뜻이 맞는 사람 3명과 각 5천만 원씩 1년간 투자하면 엄청난 수익률을 기대할 수 있을 것으로 보인다.

| 나 홀로 투자 사례 |

5천만 원으로
5천만 원을 벌다

토지이용확인원

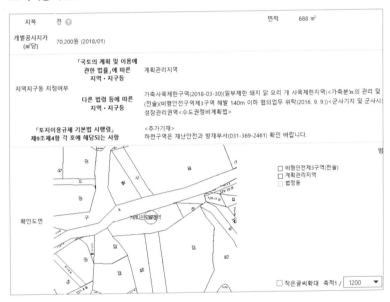

지목	전 🔵		면적	688 ㎡
개별공시지가 (㎡당)	70,200원 (2018/01)			
지역지구등 지정여부	「국토의 계획 및 이용에 관한 법률」에 따른 지역·지구등	계획관리지역		
	다른 법령 등에 따른 지역·지구등	가축사육제한구역(2018-03-30)(일부제한 돼지 닭 오리 개 사육제한지역)<가축분뇨의 관리 및 (전술)(비행안전구역제3구역 해발 140m 이하 협의업무 위탁(2016. 9. 9.))<군사기지 및 군사시 성장관리권역<수도권정비계획법>		
	「토지이용규제 기본법 시행령」 제9조제4항 각 호에 해당되는 사항	<추가기재> 하천구역은 재난안전과 방재부서(031-369-2461) 확인 바랍니다.		

언뜻 보기에도 작은 토지로, 약 200평이다. 시골에서는 이런 평수의 땅을 구하기가 쉽지 않다. 큰 도로변에 접하고 있고, 지적상에서 법정 구거 부지도 보이기에 도로와 배수로를 모두 만족하며, 계획관리지역이다. 평당 60만 원에 나왔다고 가정하면 200평에 1억 2천만 원이다. 그러므로 아주 적은 금액으로도 개발할 수 있고 매

도 또한 매우 쉬울 것이라 판단된다. 60평짜리 1동을 사용하는 작은 규모의 근생 2종 제조장 부지로 만들어 매도하면 될 것이다.

　일단 제조장 부지로 조성하기 위해서는 위성사진으로 현장 도로 조건과 배수로의 유무부터 확인해야 한다. 또한 현장 사진으로 토목공사량을 파악해야 한다. 규모가 작고 매도 금액도 저렴할 것이기 때문에, 분할하기보다는 그대로 조성해도 될 것이다.

　도로에 길게 붙은 직사각형의 땅의 경우, 건물의 모양이 나오는지 도면으로 확인해봐야 한다는 사실을 유념해야 한다. 폭이 너무 좁으면 건물의 모양이 나오지 않을 수 있기 때문이다. 60평은 제곱미터로 환산하면 198㎡ 정도이므로 세로 9m 폭에 맞추어 지어질 건물의 모양을 보면 된다.

건물이 앉은 모습

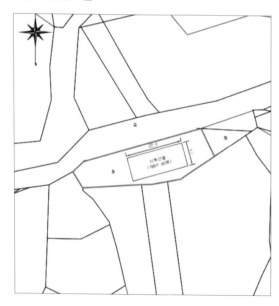

건물의 모양이 나쁘지 않다는 것을 확인했다면, 이제 부지를 조성해보자. 지목이 전이기 때문에 농지보전분담금을 국고세금으로 납부해야 하는데, 약 200평 규모에 평당 7만 원 정도이므로 1,400만 원이 들어갈 것이라 판단된다. 그에 따른 토목 설계비로 1건에 200만 원의 비용을 예상하면 된다. 개발부담금과 도시계획심의 대상이 아니기 때문에 개발과 매도에 좋은 조건이다.

그렇다면 위성사진으로 도로와 배수로, 현장의 모습을 확인하여 토목공사량을 분석해보자.

위성사진

kakaomap

현장 사진

　위성사진을 보면 2차선 도로가 개설되어 있다. 사도가 개설된 것으로 보이기에 시에 확인한 결과, 도로 지정 공고된 사도였다. 사도는 개인이 필요에 의해 만든 도로이므로 길을 사용하기 위해서는 사도권자의 동의를 받아야 하지만, 도로 지정 공고가 되면 사도권자의 동의 없이 이용할 수 있다. 따라서 사도권자의 동의 없이도 개발행위허가를 득할 수 있을 것으로 판단된다.

　사진에서 보면 구거 부지가 이미 길로 사용되고 있어 배수로 역할을 하지 못하기 때문에 다른 배수로를 찾아야 한다. 도로 위의 빨간색 네모는 우수관이다. 우수관은 배수로 역할을 할 수 있기 때문에 개발행위허가를 득하는 데 아무 문제가 없을 것으로 보인다.

　토지의 지목이 답이라 길보다 낮을 것이라고 생각했는데, 현장 사진을 보니 도로와 평행하므로 성·절토량은 거의 없을 것이다. 또한 그에 따른 구조물 공사도 할 필요 없이 정지 작업만 하면 될 것으로 보인다. 그래서 토목공사 비용은 100만 원 정도로 예상할 수 있다.

비교적 개발이 쉽고 토지를 매입하는 과정에서 많은 대출을 이용할 수 있다면 엄청난 수익이 예상되는 토지다. 부지를 조성하여 평당 120만 원에 매도할 수 있다면 매매가는 2억 4천만 원이 될 것이고, 토지 매입 과정에서 매수자가 대출 2억 원을 받게 할 수 있다면 현금 비용 4천만 원으로 토지를 매입할 수 있으므로, 평당 120만 원의 매도 금액이 무리가 없을 것으로 판단한다.

이렇게 토지 개발을 할 수 있는 능력이 있다면 적은 현금 비용으로도 혼자서도 개발 사업을 할 수 있다. 물론 토지를 개발하는 것이 절대 쉽지 않고 해야 할 일도 많지만, 이 기술을 습득하면 투자 인생에 강력한 무기를 갖춘 셈이다.

토지 매입 비용 200평×60만 원   1억 2천만 원

인·허가 비용(농지보전분담금) 200평×약 7만 원   1,400만 원

토목 설계비   1건 200만 원

경계 측량비   50만 원

취·등록세 1억 2천만 원×5%   600만 원

                              Total : 1억 4,250만 원

예상 대출 비용   1억 원

1년 이자 비용   연금리 4% 적용 시 400만 원

토지를 매입하여 허가를 득하고 경계 측량을 한 뒤

1년간 보유하는 현금 비용   4,650만 원

토목공사 비용

정지 작업 비용   100만 원

                       부가세 포함 총 110만 원

토지를 매입하여 제조장 부지로 조성하는 총 현금 비용   4,750만 원

예상 매도 금액 평당 120만 원   2억 4천만 원

양도세과표 2억 4천만 원－토지 매입 비용 1억 4,250만 원

  －토목공사비 110만 원   9,640만 원

양도소득세 9,640만 원×44%   4,200만 원

마진 2억 4천만 원－토지 매입 비용 1억 4,250만 원－1년 이자 비용

  400만 원－토목공사비 110만 원－양도소득세 4,200만 원   5,040만 원

               현금 4,750만 원 투자 대비 110% 수익률

| 본 게임 |

1년 투자 현금 대비 수익률
250% 달성하기

토지이용확인원 1

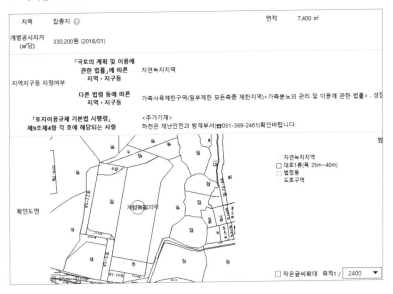

| 지목 | 잡종지 | | 면적 | 7,400 ㎡ |

개별공시지가
(㎡당) 330,200원 (2018/01)

지역지구등 지정여부	「국토의 계획 및 이용에 관한 법률」에 따른 지역·지구등	자연녹지지역
	다른 법령 등에 따른 지역·지구등	가축사육제한구역(일부제한 모돈축종 제한지역)<가축분뇨의 관리 및 이용에 관한 법률>, 성장...
	「토지이용규제 기본법 시행령」 제9조제4항 각 호에 해당되는 사항	<추가기재> 하천은 재난안전과 방재부서(☎031-369-2461)확인바랍니다.

확인도면

□ 자연녹지지역
□ 대로1류(폭 35m~40m)
□ 법정동
□ 도로구역

□ 작은글씨확대 축적1 / 2400 ▼

토지이용확인원 2

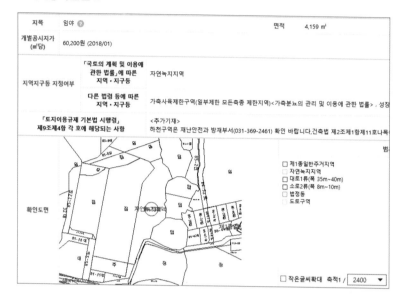

지목	임야 ⓘ		면적	4,159 ㎡
개별공시지가 (㎡당)	60,200원 (2018/01)			
지역지구등 지정여부	「국토의 계획 및 이용에 관한 법률」에 따른 지역·지구등	자연녹지지역		
	다른 법령 등에 따른 지역·지구등	가축사육제한구역(일부제한 모든축종 제한지역)<가축분뇨의 관리 및 이용에 관한 법률> , 성장		
「토지이용규제 기본법 시행령」 제9조제4항 각 호에 해당되는 사항	<추가기재> 하천구역은 재난안전과 방재부서(031-369-2461) 확인 바랍니다,건축법 제2조제1항제11호나목			

□ 제1종일반주거지역
□ 자연녹지지역
□ 대로1류(폭 35m~40m)
□ 소로2류(폭 8m~10m)
□ 법정동
□ 도로구역

확인도면

□ 작은글씨확대 축척1/ 2400 ▼

위 두 필지가 개발행위허가를 득할 수 있다는 전제하에 주택 부지로 조성해보자. 매입가는 평당 130만 원이라고 하자. 먼저 두 필지는 잡종지 7,400㎡와 임야 4,159㎡로, 총 11,559㎡이므로 3,496평에 달한다. 자연녹지지역으로 도시 지역에 해당되기 때문에 건폐율은 20%이지만, 인근 시가지와 인접해 있고 유동 인구와 교통량이 많은 지역이기 때문에 다가구 주택 부지로 분양하면 꽤 비싼 금액을 받을 수 있을 것이라 판단된다.

먼저 가분할을 해보자. 몇 평씩 분할해야 가장 최적의 부지가 될 것인지, 어떻게 분할해야 매도가 수월할지 판단하려면 건물의 모습을 상상해보아야 한다. 자연녹지의 건폐율은 20%이고 용적률은

100%이므로 50평짜리 5층 건물을 지을 수 있다. 그러나 자연녹지는 층고 제한이 있기 때문에 4층까지 건축할 수 있을 것이다. 건평 200평을 건축할 수 있기 때문에 한 가구당 10평씩이라고 하면 총 20여 가구를 넣을 수 있는 규모다. 그런데 다가구 주택의 가구 수는 19개까지라 한 건물당 19가구를 건축할 수 있다. 이 정도 규모라면 수익형 부동산을 만들 경우 꽤 양호한 수익률을 기대할 수 있기 때문에 인근 건축업자는 분명 매수를 희망할 것으로 보인다.

위 토지는 다가구 부지를 만드는 데 아주 양호한 사업성을 가지고 있으므로, 이를 잘 가공하여 다가구 부지로 만들기만 하면 꽤 많은 수익을 거둘 수 있다. 예를 들어 위 토지들을 250평씩 본 부지로 하여 바닥 면적 50평에 4층짜리로 총 건평 200평의 건물을 만들 수 있게 토지를 분할하여 분양한다면, 평당 300만 원에 매도할 수 있을 것이다.

매도할 때의 모습

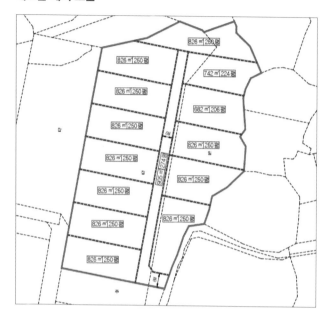

    이렇게 단지를 조성하기 위한 방법을 알아보자. 먼저 토지를 매입하여 개발행위허가를 득해야 하는데, 한 필지는 잡종지이고 또 하나는 임야다. 잡종지는 이미 개발행위허가 준공을 득한 토지이므로 개발행위허가를 신청할 필요가 없다. 그러므로 개발행위허가로는 땅을 분할할 수 없다. 그렇다면 다른 절차로 분할해야 하는데, 그것이 건축 신고다. 따라서 한 필지는 건축 신고를 득하고, 나머지 한 필지는 개발행위허가를 득해야 할 것이다.

    개발행위허가에서 용도는 주택으로의 인·허가이지만, 임야에서 주택으로의 인·허가는 소유권이 먼저 선행되어야 한다. 이는 토지를 매입하면서 사용승낙서에 의한 주택 인·허가가 불가능하다는 의미이므로, 많은 대출을 이용하려는 개발업자로서는 개발행위허가를 득하지 못하여 대출을 이용할 수 없으므로 다른 방법을 생각해야 한다. 그러므로 임야인 토지에는 개발행위허가를 근생 1종으로 득해야 할 것이다.

이 지역은 근생 시설의 경우 3,000㎡ 이상은 도시계획 심의의 대상이 되므로, 토지를 매입하는 과정은 3개월 이상 소요될 것으로 판단할 수 있다. 그러면 계약 시 계약 기간이 길다는 이유로 매도인의 계약 거부 등 매수자에게 불리한 상황이 생길 수 있다. 임야의 면적은 5,000㎡ 미만이기 때문에 개발업등록증은 필요하지 않을 것이다.

허가를 득하면 토지 매입 과정에서 대출을 이용하여 잔금을 치르고 등기이전을 해야 한다. 그리고 분할하여 분양해야 하기 때문에 단지 내 도로 준공을 득해야 한다. 도로 준공을 득해야 하는 이유는 따로따로 분양할 것이기에 어떤 필지에서 먼저 건축할지 예상할 수 없고, 따라서 도로를 사용하는 데 문제가 생겨서는 안 되기 때문이다. 그러므로 토목공사는 정지 작업 및 구조물 공사와 단지 내 도로 포장 등이 필요하다. 또한 분할이 이루어져야 하기 때문에 허가에 의한 경계 측량 및 분할 측량이 이루어져야 한다. 이제 위성사진으로 현장의 모습을 살펴보자.

위성사진 1

위성사진 2

kakaomap

kakaomap

현장 사진 1

현장 사진 2

위 사진에서 빨간색 네모가 배수로다. 토지에서 멀지 않은 위치에 있기 때문에 배수로 연결에는 크게 문제가 없을 것이다. 또한 현장이 도로와 평탄하게 이용되고 있기 때문에 성·절토 및 구조물 공사는 거의 필요하지 않을 것으로 판단된다. 분할에 의한 단지 내 도로 포장만이 토목공사의 전부일 것이다.

개인이 아닌 법인이 취득한다는 가정하에 다가구 부지로 분양하면 얼마만큼 수익을 예상할 수 있을지 사업계획서를 작성하여 알아보자.

토지 매입 비용 3,496평×130만 원＝약 45억 4,500만 원

인·허가 비용(대체산림자원조성비) 4,159㎡(1,258평)×약 1만 5,000원
＝약 1,900만 원

건축 신고 비용 건당 200만 원

건축 신고 비용 약 1,500만 원+개발행위허가 토목 설계비 약 1,200만 원
＝2,700만 원

도시계획 심의 비용(임야) 약 1천만 원

경계 측량 및 분할 비용 약 2천만 원

취·등록세 45억 4,500만×약 5%＝약 2억 3천만 원

Total : 48억 5,100만 원

예상 대출 금액   32억 원

1년 이자 비용   연금리 4% 적용 시 1억 2,800만 원

개발행위허가를 득하여 다수 필지로 분할 후 1년간 보유하는 현금 비용

17억 7,900만 원

토목공사 비용

성·절토 공사 및 구조물 공사, 단지 내 도로 포장 공사   약 2천만 원

부가세 포함 총 2,200만 원

토지를 매입하고 개발행위허가를 득하여 여러 필지로 분할 후

토목공사를 하는 총 현금 비용   18억 100만 원

예상 매도 가격 평당 300만 원   약 104억 원

법인세과표 104억 원－토지 취득 비용 48억 5,100만원－토목공사비 2,200만 원

55억 2,700만 원

법인세 2억 원까지 2천만 원+(53억 2,700만 원×20%)   약 11억 원

마진 104억 원－토지 취득 비용 48억 5,100만 원－토목공사비 2,200만 원－법인
세 11억 원

약 44억 3천만 원

현금 17억 7,900만 원 투자 대비 250% 수익률

진짜 돈 되는 토지 투자 노하우

8

토지
투자로
성공하는
법

내가 아니라 우리가 함께
성공하는 것이다

지금까지 토지 투자 중에서 토지 개발이라는 방법에 대해 소개했다. 토지는 건물을 짓기 위한 상품이기 때문에 건물을 지을 수 있게 토지를 개발하여 실수요자에게 매도함으로써 수익을 얻을 수 있으므로, 토지를 어떻게 개발해야 하는지 설명한 것이다.

그렇다면 토지를 개발하는 방법으로 어떻게 하면 성공할 수 있을까? 토지 투자로 성공하기 위해서는 먼저 토지를 개발할 줄 알아야 하고, 토지를 개발할 줄 아는 사람들과 함께해야 한다. 토지 시장은 비교적 많은 자금을 가지고 움직여야 하므로 나 혼자만의 힘으로는 돈을 벌기가 쉽지 않다. 그러나 아직 많은 사람이 접하기는 어려운 시장이므로 토지 투자를 할 수 있는 여건이 된다면 성공하기는 어렵지 않을 것이다.

그래서 나는 뜻이 맞는 사람들과 함께할 수 있다면 토지 개발을 통해 함께 부자가 될 수 있을 것이라고 생각해왔고, 지금도 그 일을 해나가고 있다. 물론 돈이 많은 사람이라면 혼자서도 얼마든지 토지 투자를 통해 부자가 될 수 있겠지만, 대부분의 사람들은 혼자 하기에는 어려움이 따를 것이다. 그러므로 내가 아니라 우리가 함께 성공하는 것이라고 생각해야 한다. 여러 사람과 함께 하면 리스크를 나눌 수 있고, 정확하게 사업을 진행하면 엄청난 수익으로 돌아올 것이다.

지역을 선택하고
내 손바닥으로 만들자

　우선 선택하는 물건에 대한 판단의 기준이 있어야 한다. 토지를 매입하려고 마음먹었을 때 이 토지가 과연 가치가 있는지, 괜찮은 수익성을 가지고 있는지를 판단할 수 있어야 하는 것이다. 매입하려는 토지가 어떤 가치가 있는지, 어떤 장단점을 가지고 있는지 모르면서 무작정 매입을 결정하면 수익을 내기가 어렵다. 그러므로 매입하려는 토지만이 아니라 동네의 상황 자체를 정확히 알고 있어야 한다.

　토지를 개발하려는 사람은 자기만의 섹터가 있어야 한다. 즉, 손바닥 보듯 훤하게 알고 있는 자기만의 지역이 있어야 한다는 것이다. 토지 개발을 하려고 마음먹었다면 어느 곳에서 할 것인지 정하고 그 동네는 눈을 감고도 척척 알 만큼 연구해야 한다. 이처럼 동네의 지리와 주변 환경 등을 잘 알아야 물건이 나왔을 때 물건의 가치를 예상할 수 있다. 그러므로 지역을 선택하면 물건을 볼 것이 아니라 동네를 구석구석 다니면서 동네의 상황을 알아보아야 한다. 그러면 나만의 시각으로 물건의 가치를 판단하고 적당한 금액까지 알게 된다.

물건을 공급받을 수 있는
나의 위치를 만들자

    토지를 개발할 곳을 선택하고 지역을 충분히 이해했다면, 그 지역의 물건을 확보할 수 있어야 한다. 그 지역의 물건을 확보하는 가장 좋은 방법은 지역의 부동산에서 확보하는 것이다. 그 지역의 부동산을 모두 방문해보는 것도 좋은 방법이다. 부동산마다 주로 다루는 분야가 다르고, 부동산에서 일하는 사람에 따라서도 일을 진행하는 방식이 다르다. 그래서 부동산을 둘러보며 나와 호흡이 잘 맞을 것 같은 부동산을 선택하는 것이 좋다.

    무엇보다 토지를 매입할 때 대출을 이용하는 것이 당연하다고 생각하는 부동산을 선택해야 한다. 개발행위허가를 득하여 은행에서 대출을 받아 등기이전을 할 것이므로, 토지를 소개해주는 부동산이 이런 방식으로 일을 진행해주지 않으면 일이 힘들어진다. 매도인의 토지사용승낙서가 필요하다는 것을 이해하지 못하면 함께 일을 진행할 수 없다.

또한 개발업자임을 알려서 땅을 이용하려는 실수요자가 아님을 인지시켜야 물건의 가치에 비해 비교적 저렴하게 나온 물건을 공급받을 수 있다. 이렇게 지역의 부동산들을 모두 방문하여 나와 호흡이 맞을 것 같은 부동산을 선택했다면, 꾸준한 관리를 통해 물건을 공급받아야 한다.

나의 경우 중요한 용건이 없더라도 자주 부동산에 연락하거나 직접 방문하면서 친분을 쌓아나갔다. 무슨 일에서든지 마찬가지겠지만, 꾸준한 관심과 성실함을 더한 노력을 보이면 부동산에서도 이 사람이 단순히 한 번 거래하고 말 사람이 아니라는 인상을 느끼게 된다. 따라서 남보다 더 신경을 써주고, 좋은 물건이 나오면 먼저 연락하기 마련이다. 즉, 단골이자 믿음직한 파트너로 인정받는 것이다. 토지 투자도 사람이 하는 일이기에 내가 노력하고 성의를 보이는 만큼 상대의 마음을 움직일 수 있고, 나의 위치도 원하는 대로 바뀔 수 있음을 기억하자.

그 지역에서 작품을
함께 만들 내 파트너를 만들자

물건을 공급받을 수 있는 나의 위치를 만들었다면, 물건을 실지로 공급받았을 때 나와 함께 개발할 사람들이 옆에 있어야 한다. 토목 사무실 직원과 토목공사를 진행하는 공사업자, 대출을 담당하는 대부계의 직원 등이 바로 그들이다.

토지를 공급받았을 때 부지를 조성하여 가치 있는 땅으로 만들려면 개발행위허가를 득해야 한다. 물건을 공급받았을 때 개발행위허가를 받을 수 있는지 여부가 하루 만에 파악되지 않는다면 아무리 가치 있는 물건이라도 내 물건이 될 확률은 떨어진다. 그래서 토지를 보고 빠른 시간 안에 개발행위허가 여부를 파악하는 것은 개발업자의 능력이다.

이처럼 물건을 공급받으면 개발행위허가의 여부를 즉시 판단해서 공사 비용의 견적을 내야 한다. 무엇보다 토지를 매입할 때 개발행위허가를 득하면 얼마만큼의 대출을 이용할 수 있는지 파악하는 일이 중요하다. 이를 모르면 토지를 매입하기란 쉽지 않다.

토지 개발을 진행하기 위해서는 많은 사람과의 협력이 중요하다. 이런 일련의 과정이 별 무리 없이 진행되면 토지 개발을 통해 어렵지 않게 수익을 창출할 수 있을 것이다.

내 물건을 매도할 수 있는
능력을 만들자

물건을 매입하여 개발하는 것도 중요하지만, 가장 중요한 일은 토지를 매도하는 것이다. 매도하려면 물건의 가치를 정확히 파악해야 한다. 예를 들어 건물을 지어도 세금을 납부할 필요가 없는 토지라면 매도할 때 엄청난 장점이 된다. 이렇게 토지의 장점을 정확히 이해하고 개발하면 매도할 때 그 부분을 강력히 어필하여 빠르게 매도할 수 있을 것이다.

또한 여러 가지의 개발에 관련된 지식을 파악하고 있으면 분별력 있게 토지를 매입하여 장점을 제대로 부각할 수 있을 것이다. 물건의 장·단점을 정확히 파악할 수 있다면 그 장점을 부각시켜 브리핑할 수 있고 이는 매도에 있어서 매수자를 설득할 수 있는 강력한 무기가 될 수 있기 때문에, 매도를 잘하려면 물건의 장·단점을 정확히 파악할 수 있어야 한다.

토지의 매입에서 매도까지
모든 과정을 기획하자

　토지 개발로 성공하기 위해서는 토지의 매입부터 매도까지의 과정이 머릿속에 있어야 한다. 미리 일어날 상황을 상상하고 일어날 수 있는 위험을 하나하나 예상해야 한다. 그러므로 토지의 매입부터 매도까지의 모든 상황을 기획할 수 있는 기획자가 되어야 한다.

　토지 개발은 우연히 토지를 매입하여 알아서 땅값이 올라 돈을 버는 시스템과는 근본적으로 다른 투자 방식이다. 토지를 매입할 때부터 전략적으로 다가가고, 매도 또한 전략적으로 해야 하므로 철저한 사업계획이 필요하다. 따라서 꼼꼼하고 치밀한 일 처리와 발 빠른 상황 대처 능력이 요구된다.

　토지 개발을 통해 우리 모두 성공의 길을 걸어가자.

나는 도로변 땅을 매수하여 최소한의 공사를 한 뒤, 1년 되는 시점에 매도한다

◆

토지를 개발하는 것은 한번 제대로 배우고 나면 아주 쉬운 일이며, 누구든 할 수 있다. 토지 개발은 결국 얼마나 매도를 잘하느냐에 따라 투자를 잘하는지 여부가 결정된다. 어떻게 매도하면 좋을지 판단하고 어떤 장점을 가지고 있는지 확인하여 그 가치가 부각될 수 있게 개발하면, 토지 투자는 절대 실패하지 않는다. 어떤 상품인지 정확히 알고 매수자가 좋아할 만한 모습으로 만들 수 있다면 진정한 토지 투자자인 셈이다. 매수자가 좋아할 만한 모습으로 토지를 가공하기 위해서는 개발행위허가와 토목공사에 대해 알아야 한다.

토지 개발은 가치가 있는 토지를 발견하여 건물을 지으려는 실수요자에게 공급하는 일이기 때문에, 실수요자가 할 수 없는 일을 대신해주는 셈이다. 그러므로 토지를 개발하여 부지를 공급하는 방식의 토지 투자는 가치 있는 투자 방식이다. 많은 사람이 가치 있는 일을 하면서 부자가 되었으면 하는 바람이다. 부디 이 책이 토지 투자를 시작하려 하거나 하고 있는 토지 투자자들에게 조금이나마 보탬이 되기를 바란다.

진짜 돈 되는 토지 투자 노하우

부록

김공인
칼럼

김공인입니다
2018.9.

오랜만에 조용히 사무실 책상에 앉아 이런저런 생각을 하고 있습니다.

제가 김공인이란 닉네임으로 알려지기 시작한 지 벌써 4년이 지났습니다. 그동안 저에게 정말 많은 일이 일어났습니다. 그저 시골 한복판에서 조용히 토지 중개를 하면서 살고 있던 저에게, 비전을 품긴 했지만 어떻게 그 일을 해나갈지 몰랐던 저에게, 4년 전 그날은 많은 변화를 가져다주었습니다.

정말로 행복한 일은 밑바닥이라 생각하고 이 일을 포기했을 때 찾아오더군요. 일을 하면서 한 분야에 10년 넘게 있으면 어떻게든 성공한다는 말이 저에게는 해당되지 않는 것이라 생각했습니다. 12년째 하고 있는데 아무 일도 생기지 않았고, 오히려 토지 중개업을 그만두려 했습니다. 삶의 희망을 토지에 두고 살아왔던 12년이 아무것도 아니게 되었을 때 기회라는 것이 찾아오더군요.

일을 하면서 단 한 번도 내가 가지고 있는 지식과 기술이 대단하
다고 생각한 적이 없습니다. 그런데 우연치 않게 인터넷상에 제 애
기를 하자, 많은 사람이 감탄해주었고 저의 이름을 불러주기 시작
했습니다. 그때 '이상한 일이 생겨나고 있네. 이게 기회인가?'라는
생각이 들었습니다. 4년이 지난 지금 생각합니다. 그때 그 순간이
터닝 포인트가 되었다고요.

많은 사람이 '돈을 많이 벌고 싶다'고 생각합니다. 토지를 12년째
다루고 개발하고 있지만, 제가 돈을 벌 수 있었던 이유는 한 가지인
것 같습니다. 토지를 많이 알아서, 오랫동안 토지 업무를 해왔기
때문이 아니라, 주변에 어떤 사람들이 있는가가 나를 변화시킨 것
입니다. 또한 그 사람들로 인해 나는 성공할 수 있었습니다.

12년 동안 토지 업무를 보았고 1년 만에 토지를 팔아왔지만, 결
국 12년이 되는 해에 토지 중개업을 폐업했습니다. 지금도 많은 사

람이 저를 보기 위해 사무실로 찾아옵니다. 저는 그 사람들에게 이렇게 얘기합니다.

"성공은 절대 내가 잘나서 가능한 것이 아니다. 나와 함께하는 사람들이 누구냐에 따라 달라진다."

십 수 년 전 토지개발 아카데미 카페를 만들 때가 생각나는군요. 내일이 막막했던 그 시절, 험난하고 어려운 세상에서 같은 뜻을 가진 우리가 서로에게 든든한 빽이 될 수 있다면, 하는 마음으로 카페를 만들었죠.

우리는 토지라는 매개체로 성공하고 싶은 사람들입니다. 우리는 성공할 수 있는 공간에 들어와 있고, 성공할 수 있을 것입니다.

하지만 한 가지를 잊고 있는 것 같습니다. 많은 정보를 보고 좋은 글을 읽고 내 자신의 역량을 키우는 것이 성공으로 이어지지는 않는다는 사실이지요. 내 옆의 사람들이 돈을 벌게 해주고 성공할 수

있게 만들어준다는 것을 생각하고 서로에게 가까이 갈 수 있도록
조금만 노력해보면 어떨까요?

사람 중심의 토·개·아는 영원할 것입니다. 또한 우리 모두 토·개·
아 안에서 성공하는 인생이 될 것이라고 믿습니다.

저는 땅쟁이입니다

2018.5.

저는 올해 마흔하나입니다.

2001년의 봄이었습니다. 군대를 제대하고 무엇을 하고 살아야 할까 고민하던 시기였습니다. 그 시절 대학을 다니고 있었지만, 항상 어둠이 찾아오면 고민하며 살았습니다.

그러던 어느 날 우연처럼 다가온 단어, 부동산. 막연한 호기심이었던 것 같습니다. 아니면 기대감이었다고 해야 할까요? 낯설고 무서운 단어였지만 돈을 벌고 싶던 제 마음에 동경의 대상이 되었던 단어. 부동산이라는 말을 할 때 왠지 모를 감정이 저를 흥분시키더군요.

어찌 보면 무모할 수 있었던 도전을 스물다섯에 시작했습니다. 아무것도 몰랐고 잘할 수 있을지도 의문이었습니다. 그때 제 모습은 무모했습니다.

배움의 길은 정말 외로웠고 힘들었습니다. 누구 하나 저의 말을 귀담아 들어주는 사람이 없었습니다. 스물다섯 어린아이가 10억을 얘기하고 있었으니 무시당한 것도 당연하다는 생각이 드네요.

그렇게 10년, 제 맘속에 저를 지탱해주는 한마디가 있었습니다. '전문가가 되고 싶다. 분명 나는 전문가가 될 것이다. 아무리 힘들어도 이겨낼 수 있다.'

이 말을 가슴속에 되뇌었습니다. 그런데 10년이 지나갈 때쯤 부동산을 포기했습니다. 그렇게 어렵게 지켜왔던 내 소신을 말이죠. 너무 오랜 시간 힘들었나 봅니다.

10년이 지나갈 때쯤 저는 스스로 이렇게 생각했습니다.

'용남아, 고생했다. 오랜 시간 너무 수고했다. 이 길은 너의 길이 아닌 거야. 이제 그만하자.'

가슴속으로 정말 많은 눈물을 흘렸습니다. 세상이 그렇게 무섭고 막막하게 느껴진 적은 없었습니다.

그런데 그때였습니다. 제가 부동산을 내려놓을 즈음, 정말 포기하려고 맘먹었을 때, 소위 기회라는 것이 찾아왔습니다. 사람들이 나의 말에 귀기울기 시작했고, 지난 세월을 인정해주기 시작했습니다. 그렇게 저는 3권의 책을 출판했고, 수많은 강연을 하게 되었습니다.

시간이 지나면서 나 자신을 잠깐 잊었던 것 같습니다. 내가 사랑하는 건 토지라는 것을, 내가 잘할 수 있는 일은 토지라는 것을, 나는 토지 전문가라는 것을.

이제 김공인은 진정한 땅쟁이로서의 모습을 보여드리려 합니다.

요 며칠 현장에 나가 현장의 공기를 마시니 정말 마음이 편안하고 행복하더군요. 어디를 가든 토지 얘기만 나오면 몇 시간이고 쉬지 않고 떠들었던 자신이 생각나더라고요.

우리 카페를 들러주시고 진정 토지를 알고 싶어하는 모든 분들에게 전문 땅쟁이로서의 모습을 보여드리려 노력하겠습니다. 대한 민국의 최고의 토지 투자 카페 토·개·아의 수장인 김공인으로서 최선을 다하겠습니다.

더욱 발전한 나의 10년 후를 기대하면서.

위기는 곧 기회다

ㄴ017.11.

"위기는 곧 기회다"라는 말이 있습니다. 모두 이 말의 의미를 알고 있고 그렇게 행동하려 하지만, 실제로 위기가 닥치면 평상시에 맘먹었던 대로 움직이기 힘들어집니다. 토지 투자를 하는 우리에게는 지금 이 상황이 기회인지도 모르는데 말이죠.

현 문재인 정부에서는 주택 안정화 대책에 중점을 두고 있습니다. 현실적으로 아파트를 통한 투자를 불가능하게 만들어서 경제의 안정화를 노리고 있는 것입니다. 그 결과가 LTV, DTI의 규제 강화입니다. 해당 지역은 대출 규모가 축소되고 가계 안정화라는 명분하에 대출 규모를 줄이려 하지만, 이로 인해 주택 매입 시 담보대출 규모가 적어지면서 거래의 침체를 일으키게 된 것입니다. 이 상황은 시장의 위축과 투자 심리의 냉각 등 자본주의 시장에서 투자 수단을 다시 한 번 생각하게 만듭니다. 이 규제 강화로 인해 시장이 어떻게 흘러갈지 아직 예측하기는 힘든 상황입니다.

　하지만 주택 안정화 정책이 나오는 지금, 우리가 간과하고 있는
것이 있습니다. 개중에 많은 사람은 토지 시장으로 움직일 것이라
고 조심스럽게 예측하고 있고, 저 또한 투자자들이 토지 시장으로
의 진입을 준비할 것이라는 생각을 하고 있습니다. 주택을 제외한
토지 상품에는 LTV, DTI의 규제가 없기 때문입니다.

　실지로 4년여간 토지 특강을 하고 있지만 최근 관심도가 높아진
것을 볼 수 있습니다. 이 말은 곧 투자 수단으로 토지를 생각해야
하는 시기가 왔다는 뜻이기도 합니다.

　많은 사람은 경제의 정확한 상황을 이해하지 못합니다. 정확한
정보 없이 많은 사람의 움직임에 동반하려 하는 군중심리가 작용
하고 있습니다. 이로 인해 "위기가 곧 기회다"라는 말을 잊고 있습
니다.

　시장이 위축되자 많은 사람은 공포에 떨고 있습니다. 당연한 일

이겠지요. 하지만 문재인 정부가 위축시키려고 한 것은 주택 시장입니다. 이제 정책의 방향을 정확히 이해하고 행동해야 하는 시점이 온 것이고, 시장의 군중심리로 인해 잘못된 판단을 해서는 안 됩니다.

토지 업무를 15년간 보고 있지만 토지 시장에 기회가 찾아왔다는 것을 느낄 수 있습니다.

시장이 하락할 때 매수해서 시장이 상승할 때 매도하라는 말이 있지요. 과연 우리는 어떻게 해야 할지 중심을 잡고 나가야 할 때인 것 같습니다. 시장이 움직이지 않을 때 나 혼자 움직이려 한다고 시장이 움직일까요? 나 혼자의 힘으로 시장을 이기기는 힘들겠지요.

이럴 때일수록 우리 카페 식구들은 정확한 시선으로 시장을 바라보셨으면 합니다.

위기가 곧 기회가 될 수 있다는 것을 다시 한 번 생각해보시기 바
랍니다.

토지 투자 전문가가 되는 법
2016.12.

땅의 값을 매길 수는 없습니다. 그래서 투자 결정을 쉽게 할 수 없는 것이고 항상 매입 여부를 고민하다가 매입하지 못하는 것입니다.

그래서 어느 지역의 어떤 땅을 보더라도 그 땅의 시세를 파악하는 법을 알려드리려 합니다. 물론 제 방법이 100% 정확하다고 할 수는 없지만, 조금이나마 보탬이 되기를 바라는 마음임을 알아주셨으면 좋겠습니다.

일단 토지를 보았을 때 그 토지의 용도를 떠올려야 합니다. '이 땅은 ○○부지로 만들면 기가 막히겠다'라는 생각이 들어야 합니다. 전원주택 부지라든지 공장 부지라든지, 이런 생각이 들었다면 그 부지로 만들 수 있는지 여부를 체크해야 합니다. 다시 말해, 이 토지의 개발행위허가 여부를 체크해야 한다는 겁니다. 이렇게 허가까지 득할 수 있는 상황이 마련되면 토지 매입의 2단계가 끝났습니다.

이 토지의 가치를 보았고 그 가치를 드러내게 할 수 있다는 것을 파악했다면, 마지막으로 토지의 가격을 정해야 합니다. 많은 토지 투자자들이 이 단계를 간과하는데, 토지를 매입하는 데 가장 중요한 과정이라는 걸 모르는 사람은 없겠지요.

예를 들어, 어느 시골에 200평의 땅이 있다고 가정해보죠. 주택 부지의 규모로 용도 지역을 살펴본 결과 계획관리지역이고, 남향 인데다 진입 도로 또한 폭 4m 이상이며, 바로 앞에 구거가 흐르는 것을 확인했습니다. 2차선 도로에서 그리 멀지 않은 위치이고 도로 건너편에는 저수지가 있습니다.

땅을 보는 순간 '주택 부지로 개발하면 대박이겠는데' 하는 생각이 듭니다. 나도 모르게 이런 생각이 든다면 이 토지는 단기 차익으로의 매입 1단계를 만족하는 땅입니다.

그렇다면 이제 주택 부지로 개발할 수 있는지 여부를 판단해야 할 것입니다. 위 설명에서 폭 4m 이상의 길이므로 건축법상 도로를 만족하고, 바로 앞에 구거가 있으니 배수로가 있다는 것을 확인할 수 있습니다. 즉, 허가를 득할 수 있다는 것을 파악할 수 있기에 단기 차익의 매입 2단계를 만족합니다.

마지막으로 가격을 결정해야 하는데, 문제는 어디에 기준을 둘 것인가 하는 것입니다. 토지는 개발하기 위해 사는 것이 아닙니다. 토지를 개발하여 매도하기 위해 사지요. 즉, 현재 주택 부지가 얼마에 팔리고 있는지 파악하면 됩니다. 그렇다면 그 동네에 주택 부지의 시세를 파악합니다.

그 시세를 파악했다면 이제 계산을 해야 합니다. 하지만 일반인들은 이 금액을 역으로 계산할 수 없습니다. 이것이 토지 투자의 초보자와 전문가를 나눈다고 생각합니다. 우리는 역으로 매입가를 찾아내기 위해 개발행위허가 비용을 뽑고, 부지를 조성하는 공사비를 예상하고 토지를 매도했을 때 세금도 계산할 줄 알아야 합니다. 이제 결론이 나왔네요. 가격을 결정하기 위해 어떤 것을 알아야 할까요?

오로지 투자 관점에서 토지를 보았을 때 개발 과정 비용을 계산할 수 있다면, 토지 투자 전문가가 될 수 있습니다.

많은 사람이 토지 투자를 갈망하지만 그 방향을 잡지 못합니다. 하지만 이 글을 읽는 당신은 이제부터 토지 투자의 전문가가 될 수 있으실 겁니다. 이제 무엇을 해야 하는지 알게 되었으니까요.

저 또한 이 계산이 가능해졌을 때부터 많은 토지를 매입하고 매도하게 되었습니다. 그 계산을 하게 되는 데까지는 그리 오랜 시간이 걸리지 않았습니다. 여러분들 또한 가능합니다. 토지 투자자로서 거듭나는 여러분들을 응원하겠습니다.

시장의 중심에 서자

2016.11.

저는 토지 개발업자입니다. 따라서 조심스럽게 토지의 원형인 토지 시장에 대해 매일 고민하고 예상해봅니다. 토지 시장을 고민하는 요즘, 제 몸이 먼저 반응을 합니다. 이제 조금만 지나면 예상했던 것보다 빨리 토지 시장에 대한 관심이 증폭될 것 같습니다.

저는 정책을 참고하지만, 시장의 움직임을 먼저 보려고 합니다. 그런데 도시의 토지 시장, 즉 택지개발지구의 인식이 조금씩 변하고 있는 것을 몸으로 느끼고 있습니다. 어떨 때는 화까지 나더라고요. 왜냐고요? 지금 택지 시장은 조금 걱정스럽습니다. 너무 '묻지마' 투자가 아닌가 싶어서요.

택지는 수익형 부동산을 만드는 상품이기에 건폐율과 용적률을 따지고 층수를 감안하여 주위 시세를 반영하여 현금 대비 수익률을 따져서 매입할 금액을 역으로 추산합니다. 얼마 전까지만 해도 매입할 수 있는 폭이 굉장히 넓었는데, 요즘에는 초기 비용이 너무 높아서 그 폭이 매우 좁아지고 있는 것을 느낍니다. 이대로 가다가는 택지 시장은 곧 포화 상태를 일으켜 외면당할 가능성이 높아지고 있습니다.

그렇다면 도시의 토지 시장 택지의 외면과 분양권 시장의 전매 제한이라는 조치, 경매의 과열화, 은행의 제로금리. 과연 시중의 유동 자금은 어디로 향하게 될까요?

그래도 땅이라는 말이 있습니다. 이는 땅값은 오른다는 말을 역설적으로 표현하고 있습니다. 계속하여 저평가된 토지를 찾을 것이고, 무한 가치를 내포하고 있는 땅의 인기는 하늘을 찌를 것입니다. 하지만 무한 가치를 가지고 있는지 볼 수 있는 사람이 과연 얼마나 될까요?

그렇다면 우리가 무한 가치를 가지고 있는 토지를 발견하여 선 매입하고 그 가치를 토지 개발을 통해 일반인들도 알아볼 수 있게 해준다면 어떨까요? 이 투자의 패턴은 정말 아는 자들의 무기가 될 것이고 부익부의 현상을 일으킬 겁니다. 그 중심에 토·개·아가 있을 것이고, 우리의 비전은 엄청납니다.

지금은 토지 시장의 침체로 약간 소외되고 있지만, 머지않은 미래에 우리는 시장의 중심에 우뚝 서 있을 겁니다.

사람 중심 토·개·아의 무궁한 발전을 위하여!

꿈을 꿉니다

2016.10.

부동산을 처음 시작했던 때를 가만히 떠올려봅니다.

어떻게 보면 철이 없던 스물다섯이라는 어린 나이에 부모님의 권유로 시작하게 된 부동산의 길이었습니다. 그때는 부동산이 진정 나의 직업이 될 것이라는 생각은 하지 못했습니다. 그저 먹고살기 위한 방법이었고 어떻게 해야 돈을 벌 수 있을지 고민했습니다.

그 어린 시절 하루하루가 너무 힘들었고 한 달을 지탱해나가는 것이 너무 힘들었습니다. 어린 나이에 결혼을 하고 가정을 이루면서 삶의 무게를 스물일곱부터 느끼게 되었습니다.

앞이 막막했다고 해도 과언이 아닐 것 같습니다. 혼자 술집에 앉아 소주를 마신 적도 많았고, 눈물 흘리던 순간도 있었습니다. 그때 항상 생각했습니다. '내가 하고 있는 부동산이 과연 돈을 벌 수 있는 직업이긴 할까?'

힘들 때마다 무한 반복하여 고민했습니다. 그때마다 내린 결론은 '아니다'였죠. 그렇기에 매일 수십 번씩 그만두어야겠다는 생각을 하면서 살았습니다. 하지만 일을 당장 그만둘 수는 없었습니다. 저를 바라보는 아내가 있었거든요. 저보다 어린 나이에 오로지 저 하나만을 바라보고 사는 그 사람의 눈동자가 왜 그렇게 떠올랐을까요?

그래서 일을 그만둘 수 없었습니다. 그리고 결심했죠. 어차피 관둘 수 없다면 이 직업을 진짜 내 천직으로 만들어보자고요. 그때부터 하루하루를 그 누구보다 열심히 살았습니다. 더 많이 알려고 노력했고, 인정받기 위해 발바닥에 불이 나도록 뛰어다녔습니다.

그렇게 하루하루 보내다 보니 15년이라는 시간이 훌쩍 지나갔습니다. 아침에 일어나면 항상 한 시간 정도는 오늘은 무엇을 할 것인지, 내가 무엇을 놓치고 있는지, 각 상황에서 어떻게 움직여야 할지를 생각합니다. 어느새 저에겐 습관이 되어버린 이 시간은 정말 중요합니다. 일을 잘해나가기 위한 기초가 되니까요.

지금 저는 부동산 전문가로서 많은 것들을 이뤘습니다. 돌아보니 정말 많이 변해 있더라고요. 과연 나를 이렇게 바꿀 수 있었던 것이 무엇이었나 생각해봅니다. 그 정답은 너무나 쉬웠습니다. 그건 사람들이었습니다. 내가 아무리 잘나고 뛰어난다고 한들, 내 주변에 좋은 사람들이 없었다면 나는 변하지 않았을 겁니다.

우리는 매일 더 많은 돈을 벌고자 합니다. 그러면서 남보다 뛰어나기를 바라는 마음을 품게 됩니다. 하지만 그 마음에 한 가지를 보태야 합니다. 내 주변에 얼마나 좋은 사람들이 많이 있는가 하는 사실입니다. 돈은 결국 내 주위 사람들과 함께 벌어들이는 것이고, 행복은 내 가까이에 있다는 것을요. 오늘 하루도 겸허한 마음으로 살려고 합니다.

절대 잊지 마세요. 돈은 혼자 버는 게 아닙니다. 보이지 않는 끈으로 나와 연결된 사람들과 함께 버는 것입니다. 여러분들이 있기에 제가 존재하는 것과 마찬가지입니다.

이제 저는 또 다른 꿈을 꾸기 시작했습니다. 여러분들이 저와 함께할 것이라 믿어 의심치 않기에 가능한 일입니다.

꿈을 꾸게 만드는 것도 내 주위에 사람이 있기 때문이라는 것을 느끼며, 사람 중심 커뮤니티 토·개·아는 영원할 것입니다.

뜻이 있는 곳에 길이 있다
2016.6.

저에게 토지 투자란 단기 투자여야 했습니다. 꽤 젊은 시절에 토지 투자를 시작했기에 여유가 있는 상황도 아니었고요. 그래서 토지에 투자하여 무조건 빠른 시간 안에 결과가 나와야 하는 상황이었습니다.

토지 투자를 시작할 당시에 처자식이 있었기에 어떻게 하면 빨리 팔 수 있을지, 어떻게 하면 적은 돈으로 토지를 살 수 있을지 매일 고민했습니다. 지난 14년 동안 부동산 민사소송도 3번이나 경험하게 되었고, 샀던 땅이 팔리지 않는 현실을 겪으면서 토지 시장이 절대 만만치 않다는 것을 느끼게 되었습니다.

그런데 포기하고 싶지 않았습니다. 어린 시절 많은 경험을 하면서 생각했습니다. '나는 지금 스물여섯이다. 10년 후에 두고 보자. 지금 땅을 하는 너희들은 10년 후엔 다 뒷방 노인네가 되어 있을 것이고, 그때는 내가 토지 시장을 다 잡아먹고 말 테니.' 이 생각으로 힘든 순간을 버텨왔습니다.

10년이 흐르고, 저는 토지에 대한 책을 2권이나 냈고 매주 토요일 강의를 나갑니다. 직원 4명이나 두고 부동산 개발 법인을 운영 중이고, 돈 걱정 없는 삶을 살고 있습니다. 그 젊었던 시절에는 길도 보이지 않을 만큼 막막했지만, 지금 생각해보면 '내가 그때 그 고생을 하고 뜻을 품은 채 버텨왔기에 지금의 내가 만들어졌구나' 싶습니다.

사람들은 누구나 내일을 고민합니다. 지금보다 나은 삶을 기대하며 많은 고민을 가지고 살아갑니다. 그런 점에서 토지에 대한 지식과 경험, 토지에 투자하는 방법에 대한 가치관을 갈고닦아 토지 투자자가 된다면, 곧 본인의 삶을 바꿀 수도 있다고 강조하고 싶습니다.

토지 시장은 절대 쉽지 않습니다. 그렇기에 더 가치가 있습니다.

누구나 쉽게 도전할 수 있다면 저는 절대 토지 시장을 선택하지 않았을 겁니다.

우리나라는 근로소득만으론 절대 부자가 될 수 없다고 생각합니다. 그래서 우리 중 다수가 부동산 투자를 생각하고 있고, 그러기 위해 공부하고 있는 것이겠지요. 여러분이 토지 시장을 이해하고 토지를 다루는 토지 전문가가 된다면, 경제적 자유인으로 살기 위해 꼭 필요한, 엄청난 무기 하나를 갖게 되는 거라고 자신 있게 말씀드리고 싶습니다. 나와 내 가족이 행복하게 살도록 도와주는, 돈을 벌어들이는 무기 말입니다.

마지막으로, "뜻이 있는 곳에 길이 있다"라는 말을 다시 되새겨보시기 바랍니다.

시련은 사람을 성장하게 한다

2015.4.

2004년으로 돌아가볼까요? 제가 공인중개사로서 막 토지 업무를 배우기 시작한 때였습니다. 군대에서 제대하자마자 자격증을 취득하고, 부동산에서 일을 배운 지 1년 정도 되었을 시기였죠.

지금 돌이켜보니 참 힘든 시절이었습니다. 아침에 출근하면 전날 도박판이 벌어져 쓰레기장으로 변해 있는 사무실을 만나야 했거든요. 청소에 대한 스트레스를 받으며 하루 일과를 시작했죠. 청소를 마치고 나면 컴퓨터 앞에 우두커니 앉아 있곤 했습니다. 그때 사귀던 사람에게 청혼한 상태였기에, 앞으로 살아갈 일에 대해 그때처럼 막막했던 적이 없었습니다.

월 300만 원 정도 벌고 있었지만, 월급 150만 원에다가 매일 심부름하고 간식을 챙겨준 몫으로 카드판에서 나오는 용돈을 합한 금액이었으니까요. 그때처럼 미래가 불확실하게 느껴진 적이 없었습니다.

누구 하나 부동산 일을 가르쳐주는 사람이 없었고, 사무실에 손님이 와도 사장님은 방문 밖으로 나오지도 않으셨습니다. 나 혼자 손님들을 맞이해야 했고, 무지한 상태에서 무작정 상담을 해야 했습니다. 그때는 정말 손님이 무서웠다고 할까요? 모르는 사람이 문을 열고 들어오는 것이 그렇게 부담스러울 수 없었죠.

그러던 어느 날, 손님이 찾아와 투자할 만한 땅이 있는 물었습니다. 나는 여느 때와 같이 대답했습니다. "투자 금액은 얼마 정도인가요? 현재 괜찮은 물건 하나가 있는데요. 용도 지역도 괜찮고 저렴하게 나온 물건입니다."

이렇게 아는 척을 해가며 상담하고 있을 때쯤, 안에서 아는 사장님이 방문을 열고 나왔습니다. 그러더니 갑자기 나를 제쳐두고 손님과 상담하기 시작하더군요. 이내 기분이 나빠졌습니다. 한참 동안 손님과 대화하더니, 그 사장님이 나에게 말했습니다.

"김 이사, 가서 손님 땅 좀 보여드리고 오지. 손님, 이 친구가 일한 지 얼마 안 돼서 잘 모르니까 가서 땅만 보고 오세요."

저는 얼굴이 새빨개졌습니다. 조금 전까지 전문가처럼 행동했는데 말이죠. 하는 수없이 손님을 데리고 가서 땅을 보여드렸죠. 그리고 아는 지식을 모두 동원해서 성심껏 물건에 대해 설명했습니다. 그런데 손님의 반응이 당황스러웠습니다.

"무슨 말씀인지 잘 모르겠으니까, 사무실로 가서 사장님과 얘기해볼게요."

그때부터 저는 조용히 운전해서 사무실로 돌아왔습니다. 돌아오면서 머릿속에는 별의별 생각이 다 들었지요.

'사장님이 뭔데 남의 일에 끼어들어서 나를 이렇게 무시당하게 만드는 거야! 자격증도 없는 동네 노친네가 전문 지식도 없이 마구 떠들어대고는 오히려 나를 초짜라고 무시하다니.'

머릿속에는 온통 그 생각뿐이었습니다. 사무실에 도착하자, 손님은 한참 동안 그 사장님과 얘기한 후에 돌아갔습니다. 화가 머리 끝까지 치밀었죠. 내 이름으로 사업자를 걸고 내가 대표로 등록되어 있는 공인중개사 사무실인데, 그런 나를 무시하고 있었으니까요. 나는 결국 조심스럽게 말을 열었습니다.

"사장님, 저를 도와주시는 건 좋은데요. 제가 상담하고 있을 땐 끼어들지 않아주셨으면 좋겠습니다."

"아니, 끼어들긴 뭘 끼어들어. 기껏 도와주려고 했더니, 웃기는 애네."

"그렇게 말씀하지 마시고요. 저도 사업장 대표인데, 저를 무시한 채 아는 것이 하나도 없다는 둥, 손님 앞에서 그렇게 얘기하시면 안 되죠."

그러면서 거친 대화가 오가게 되었고, 다른 사장님들이 그 사장님을 말리며 안으로 데리고 들어가셨습니다.

컴퓨터 앞에 잠시 멍한 상태로 앉아 있었습니다. 머릿속이 하얘지면서 갑자기 눈물이 흘렀지요. 너무 서러웠지만 소리 내어 울고 싶지는 않았습니다. 잠시 후, 나도 모르게 터져 나온 울음은 멈출 줄을 몰랐습니다. '사람이 이렇게 초라해질 수도 있구나. 나는 도대체 뭔가? 나이가 어리다고 이렇게 무시당해도 되는 건가?'

그때 그 순간을 생각하면 아직도 눈물이 납니다. 10년이 훌쩍 지난 지금이지만, 아직도 당시 장면이 생생하게 떠오릅니다. 그 순간 나는 정말 화가 치밀었고 모욕감에 견디기 힘들었지만, 시간이 흐르니 이렇게 남에게 들려줄 수 있는 추억이 되었습니다. 그리고 그런 아픔이 있었기에 더욱 이를 악물고 노력할 수 있었고요. 그러니 "날카로운 칼은 수많은 담금질을 통해 만들어진다"는 이야기를 전하고 싶습니다.

지금 당장 시련이 닥쳐오더라도, 그 시련은 나를 성장시키기 위해 준비된 것이라는 사실을 잊지 마시기 바랍니다. 좌절하고 낙담하는 건 잠깐으로 그치고, 발전하고 성장할 미래의 자신을 떠올려 보세요. 여러분이 감당하지 못할 시련은 없습니다.

토지에 투자한다는 것은

2015.3.

어느 날, 한 통의 전화가 걸려 왔습니다. 땅이 나왔는데 지번을 알려줄 테니 얼마면 살 것인지 말해달라는 내용이었습니다. 나는 지번을 확인하여 토지를 확인하자마자 얼마에 나왔는지 물었습니다. 토지는 평당 250만 원이고 180평이었습니다. 2종 일반 주거인데, 4차선 도로변이고 주위에 읍사무소가 위치해서 유동 인구가 많은 곳이었습니다.

바로 계약하겠다고 했더니 1천만 원이라도 걸고 찍어놓으면 평당 220만 원까지 해주겠다고 했습니다. 그렇게 구두상으로 계약하기로 결정했습니다.

그때 든 생각은 단 하나였지요. '한 달에 4천만 원은 벌 수 있겠네.'

주어진 시간은 2시간이었습니다. 2시간 내로 토지에 대해 모든 것을 확인해야 했던 거죠. 현장으로 가는 차 안에서 토지이용규제 확인원을 통해 공원 구역임을 확인했고, 토목 사무실에 연락해 공원 구역에서의 행위 제한을 물어보았습니다.

1천만 원을 주고 찍는다는 건 빨리 매도할 수 있는 장점이 있으나, 자칫 잘못하면 잔금을 치러야 하므로 현재 상황에서의 대출 규모를 파악하는 게 급선무였습니다. 일단 허가는 득하지 않을 테니 현 상태에서 감정해달라며 아는 대부계 직원에게 전화를 걸어 부탁했습니다.

그다음으로, 2종 일반 주거이니 용도는 다가구가 떠올랐기 때문에 몇 가구나 설계 가능한지 확인해야 했습니다. 곧장 건축사 사무실로 전화를 걸었죠. 주차장을 빼고 몇 가구나 들어갈 수 있을지 자리만 잡아 알려달라고 했습니다.

이렇게 해서 토목부터 허가 가능 여부, 대출 규모, 건축 가구 수까지 조사했습니다.

그런데 계약 진행 여부를 생각해볼 때, 계약금 1천만 원은 계약금의 10%가 되지 않기에 땅 주인으로부터 계약금을 더 요구받을 수 있는 상황이었습니다. 그렇다면 잔금 기간은 한 달 이내로 당겨서, 더 많은 금액을 계약금으로 지불하지 말아야겠다는 판단이 들었습니다.

토지 매입 전 개발행위허가를 받아 대출을 이용할 수 없고, 대출을 받아 잔금을 치르고도 현금이 조금 더 들어갈 것이기 때문이었습니다. 따라서 현금 투입으로 토지를 매입한 뒤, 소유권 이전 뒤 개발행위허가를 득하여 추가 대출로 원금을 회수하는 방법을 선택해야 했습니다.

또한 1983년 이전에 주거 지역으로 지정되었다면 전용분담금이 면제되기 때문에, 시에 주거 지역 지정 시기를 알아봐야 했습니다. 시에 확인한 결과, 1983년 이전에 지정되었다는 사실을 알게 되었고, 개발행위허가 시 농지보전분담금이 면제된다는 사실을 알게 되었습니다. 생각대로 착착 진행되니 짜릿함이 느껴졌습니다.

마지막으로 확인해야 할 것은 다가구 건물을 지을 때 난방이었습니다. 물론 내가 건물을 지을 건 아니지만, 팔아야 하는 대상은 건축업자이므로 분명 도시가스가 있는지 체크할 테니까요. 이는 매매의 중요한 수단이 될 것이기에 가스공사로 전화를 걸었습니다. 가스관이 있다면 연결할 수 있는지, 비용은 얼마나 들지 문의했더니, 주거용과 산업용 모두 설치할 수 있고 바로 앞에 관이 매설되어 있어서 비용도 크게 들 것 같지 않다고 했습니다.

전화 한 통을 받고 겨우 1시간 안에 내가 한 일이었습니다. 공원 구역의 행위 제한을 짚어보고, 대출 규모를 확인하고, 가구 수의 규모를 파악하고, 도시가스관 매설 여부와 1983년 이전의 부담금 여부도 빼놓지 않고 체크했습니다. 모든 것이 그 땅을 찍는 상황으로 내달리고 있었지요.

그런데 모든 상황 파악이 끝나가고 있을 즈음, 토목 사무실에서 전화가 걸려 왔습니다. 알아봤더니 허가를 얻을 수 없는 땅이라는 것이었습니다.

전화를 끊고 나니 나도 모르게 욕이 쏟아져 나오더군요. '중개업자가 허가 여부도 모르면서 땅을 소개하다니, 이게 말이 되는 거야? 정말 돌아버리겠네!'

하지만 어쩔 수 없었습니다. 그렇게 상황은 마무리되었고, 나는 발걸음을 돌려 사무실로 향했습니다.

토지 투자를 통해 이득을 남기기 위해서는 계약 상황에서 어떤 것이 문제가 될 수 있을지 세세한 부분까지 떠올리고 하나씩 점검해야 합니다.

이게 가능하다면 당신은 이미 토지 투자 전문가라고 자부해도

좋습니다. 우리가 바라는 자신의 모습은 바로 이런 전문성이며, 이
것이 자연스럽게 가능해지는 순간 여러분은 다른 삶을 살아가고
있을 것입니다.

계약을 하기 전에 생긴 습관
2015.3.

토지를 매입할 때를 돌이켜 보니 참 많은 일을 겪었습니다. 그중 한 사건을 이야기해보겠습니다.

토지를 매입하고 한 달이 지났을 때, 상대방이 계약을 파기하자고 하더군요. 개발업자의 매매 계약에 있어 인·허가비가 벌써 사용되었기에, 계약금만 돌려받아서는 계약 해제에 대한 합의가 이루어질 수 없습니다. 결국 소송으로 가게 되었지요.

어린 나이에 소송을 진행하면서 법원을 안방 드나들 듯 왔다 갔다 해야 했습니다. 처음엔 법원이 낯설고 무서운 곳이라는 생각이 들었지만, 자주 가다 보니 두려움은 사라지고 무조건 이겨야겠다는 생각이 들었지요.

그리고 소송을 진행하면서 판사의 행동을 유심히 관찰하게 되었습니다. 오로지 계약서 한 장 만으로 모든 것을 판단하려 했습니다. 그리고 이 사건에 대해서 알려고 하기보다는, 일반적인 상식으로 문제를 해결해나가더군요.

그 당시 경기도 화성은 토지 거래 허가 구역이었습니다. 이 경우, 허가를 받기 전의 계약은 유동적 무효 상태가 되는데, 허가를 받으면 유효한 계약이 되고 허가를 받지 못하면 무효가 된다는 뜻입니다. 다시 말해, 허가를 받기 전 계약의 상태는 아무것도 아니라는 말이죠. 이러한 이유로 계약 해제의 요구를 받을 수 있었지요.

어린 나이에 이런 일을 당하자 의지할 곳이라고는 포털사이트뿐이었습니다. 나와 비슷한 사례에 대한 정보를 얻기 위해 검색을 시작했습니다. 곧 원하던 내용을 발견했는데, 허가 전 계약은 유동적 무효 상태이며 매도 매수 행위는 토지 거래 허가에 협조할 의무가 있다는 것이었습니다.

이로 인해 매도인의 토지 거래 허가 협조 의무 위반으로 승소할 수 있었습니다. 계약금의 2배 되는 금액과 정신적 피해 보상비까지, 총 투자금의 300% 수익을 얻었지요.

그때부터 저도 모르게 습관이 생겼습니다. 계약 전에는 조용히 눈을 감고 앞으로 일어날 일에 대해 상상해봅니다. 토지를 매입하고 허가를 득하고 공사를 하는 과정에서 어떠한 문제가 생길 수 있을지 말이죠. 그렇게 매매 현장을 생각하다 보면 저도 모르게 계약서 특약 사항이 떠오르게 되더군요.

오늘도 오후 2시에 계약이 있습니다. 준비를 위해 오전 9시쯤 사무실로 나가려 합니다. 차분히 현장을 눈앞에 그려볼 겁니다. 내가 하려고 하는 행동에서 어떠한 문제가 생길 수 있을지 여러 경우의 수를 생각하고, 소송이 진행되면 무조건 승소할 수 있는 특약을 떠올려야겠지요.

이런 말을 하는 이유가 있습니다. 우리는 리스크를 안고 있는 부동산에 투자하는 사람들입니다. 언제, 어디서, 어떤 일이 생길지 아무도 예상할 수 없습니다.

계약을 앞두고 있을 때는 반드시 혼자만의 시간을 가지시기 바랍니다. 현장을 머릿속에 그리면서 특약 사항을 생각해두셔야 합니다. 원하던 계약이 안 되더라도 소송 재테크는 가능할 테니까요. 여러분께 드리고 싶은 현실적인 조언입니다. 명심하십시오. 우리는 부동산 투자자이므로 리스크를 줄여나가는 노력을 끊임없이 계속해야 합니다.

부동산 왕 중의 왕, 토지 공부가 먼저다!

진짜 돈 되는
토지 투자 노하우

초판 1쇄 발행 2019년 1월 21일
초판 3쇄 발행 2022년 8월 31일

지은이 김용남

펴낸곳 ㈜이레미디어
전화 031-908-8516(편집부), 031-919-8511(주문 및 관리) | **팩스** 031-907-8515
주소 경기 파주시 회동길 219, 사무동 4층 401호
홈페이지 www.iremedia.co.kr | **이메일** ireme@iremedia.co.kr
등록 제396-2004-35호

재무총괄 이종미 | **경영지원** 김지선
편집 한홍, 김윤정 | **마케팅** 박주현, 연병선 | **디자인** 9mm

ISBN 979-11-88279-31-9 03320

- 가격은 뒤표지에 있습니다.
- 잘못된 책은 구입하신 서점에서 교환해드립니다.
- 이 책은 투자를 위한 참고용이며, 투자 손실에 대해서는 법적 책임을 지지 않습니다.

이 도서의 국립중앙도서관 출판예정도서목록(CIP)은 서지정보유통지원시스템 홈페이지(http://seoji.nl.go.kr)와
국가자료공동목록시스템(http://www.nl.go.kr/kolisnet)에서 이용하실 수 있습니다. (CIP제어번호: CIP2018038801)